Manuel Grandegger

Faszination Titanic

Die mysteriöse Geschichte um das scheinbar unsinkbare Schiff

Diplomica® Verlag GmbH

Grandegger, Manuel: Faszination Titanic. Die mysteriöse Geschichte um das scheinbar unsinkbare Schiff, Hamburg, Diplomica Verlag GmbH 2009

ISBN: 978-3-8366-7399-0
Druck Diplomica® Verlag GmbH, Hamburg, 2009

Bibliografische Information der Deutschen Bibliothek
Die Deutsche Bibliothek verzeichnet diese Publikation in der Deutschen Nationalbibliografie;
detaillierte bibliografische Daten sind im Internet über
<http://dnb.ddb.de> abrufbar.

Die digitale Ausgabe (eBook-Ausgabe) dieses Titels trägt die ISBN 978-3-8366-2399-5 und kann über den Handel oder den Verlag bezogen werden.

Manuel Grandegger

Die mysteriöse Geschichte um das scheinbar unsinkbare Schiff.

INHALTSVERZEICHNIS

Vorwort:

„Titanic“ – bekannt durch Filme, Reportagen, Bücher, Ausstellungen und neuerdings auch durch ein Musical. Spätestens seit dem weltweit kommerziell erfolgreichsten Film „Titanic“ von James Cameron[1], kennt das legendäre Schiff wirklich jeder. Mittlerweile ist es fast ein Jahrhundert her, seit das von allen geglaubte unsinkbare Schiff im Atlantischen Ozean versank. Und doch erregt heutzutage dieser Untergang immer noch die Gemüter, die fasziniert sind von der Anziehungskraft des Schiffes und den möglicherweise immerwährenden Geheimnissen, die dieses Schiff birgt. Aber wahrscheinlich ist gerade dies der Grund für die Faszination „Titanic“.

Seit nun mehr als zehn Jahren beschäftige ich mich mit den Legenden und Mythen über den damals als unsinkbar gepriesenen größten Ozeandampfer der Welt. Ich möchte in meinem Buch aufzeigen, was wirklich in jener Nacht geschah, als die „Titanic“ im Nordatlantik versank. Jeder kennt in groben Zügen die Geschichte des Schiffes, aber nur wenige kennen die wahren Hintergründe, die zum Untergang geführt haben. Ich werde auf die Einzelheiten jener Nacht eingehen, die in den Filmen nicht oder nur teilweise aufgegriffen werden. Zudem möchte ich noch die Geschichte davor und die Geschichte danach aufzeigen, d.h. wie es zum Bau des Schiffes kam und wie das Unglück bekannt wurde und was danach geschah: Vom ersten Gedanken über den Bau des Schiffes bis hin zum heutigen Stand der Dinge. „The Queen of the Ocean“[2] wird noch einmal in See stechen, um bisher offene Fragen möglicherweise zu beantworten.

Dieses Thema bringt eine Menge Bildmaterial mit sich. Da dieses sehr umfangreich ist, könnte man es nie zur Gänze in diesem Buch einbauen. Da aber Bilder mehr als tausend Worte sagen sollen, möchte ich doch den ein oder anderen interessanten Moment aus dem „Leben“ des Schiffes mit authentischen Bildern untermalen, die ich ergänzend zum Text einfüge.

Manuel Grandegger

1 *James Cameron:* amerikanischer Starregisseur (*16.08.1954 in Kanada).
2 *übersetzt:* Die Königin der Meere; damaliger „Spitzname” des Schiffes.

Kapitel 1: So nahm alles seinen Anfang

1.1 Der utopische Roman

Die ganze Tragödie hatte schon lange vor 1912 seinen Anfang, genauer gesagt im Jahre 1898. Damals veröffentlichte der britische Buchautor Morgan Robertson[3] einen Roman mit dem Namen „Futility“[4]. Dieses Werk hatte sehr viel versteckte Ironie, die aber erst 14 Jahre später verstanden wurde. Zwischen den Schifffahrtsgesellschaften herrschte ein interner Konkurrenzkampf, um am schnellsten den Atlantik zu überqueren. Und eben um diesen Konkurrenzkampf zu gewinnen, sprudelte der Größenwahnsinn in jedem der Schiffsunternehmen. Das Motto war: „Je größer, je luxuriöser, je schneller, desto besser das Ergebnis“, d.h. Geschwindigkeit und Umsatz.

Das Buch erzählt eine Geschichte über eine britische Schifffahrtsgesellschaft, die es sich zur Aufgabe machte, am schnellsten den Atlantik zu überqueren. Dafür musste ein Schiff her, das alle übrigen Schiffe in den Schatten stellte, das alle Rekorde brechen sollte, in dem man im Luxus „baden“ kann, wo für Reich und Arm Platz war, das es noch nie zuvor gab. Diese Ideen wurden dann auch in die Tat umgesetzt und nach einer zwei-jährigen Bauzeit stand ein Luxusdampfer, den die Welt noch nie gesehen haben soll, im Trockendock der Schiffgesellschaft. Der Name sollte auch alles bisher da Gewesene übertrumpfen: Der Dampfer wurde auf den Namen „Titan“ getauft.

Abb. 1: *Morgan Robertson*

Der Stapellauf war vorbei und dennoch blieb eine Frage offen: Wie viele Rettungsboote? Das britische Handelsministerium hatte bis dato noch nie so ein großes Schiff gesehen. Die Gesetze waren veraltet und die Änderung der Gesetze hätte zuviel Zeit in Anspruch genommen; da lässt das Ministerium das Schiff schon lieber mit weniger Rettungsbooten in See stechen. An Bord waren knapp 2.300 Personen. Die Rettungsboote, 16 an der Zahl, boten allerdings nur Platz für nicht mal die Hälfte der Passagiere. Aber das Schiff galt als „unsinkbar“! Zumindest sollte es dies sein (spä-

---

3 *Morgan Andrew Robertson:* britischer Schriftsteller (*1861 +1915).

4 *übersetzt:* vergebens/Vergeblichkeit.

ter stellte sich das Gegenteil heraus). Durch diese Marketingstrategie der Schifffahrtsgesellschaft, lockte es natürlich viele Leute an, die ein Ticket für den neuen Dampfer „Titan“ erhalten wollten. Vertreten sollten alle sein, von den oberen Zehntausend, bis hin zu den armen, aber hoffnungsvollen Emigranten.

Damals hatte die Presse einen großen Einfluss auf die Bevölkerung. Man glaubte ihr alles, was sie behauptete. Dies war natürlich das beste Aushängeschild, um die „Titan“ zu publizieren.

Am Mittag eines warmen Apriltages, stach der vermeidlich unsinkbare Dampfer in See; mit an Bord knapp 2.300 Passagiere, die sich mit dem Schiff, hoffnungsvoll und erholungssuchend, ausgehend von Großbritannien, auf den Weg nach New York machten. Die Strecke ging nach Frankreich über Irland bis auf den Nordatlantik. Dort aber endete die Reise auch schon wieder. Kurz vor Neufundland[5] stieß der Luxusdampfer mit einem Eisberg zusammen und sank binnen zwei Stunden. Aber es waren zu wenig Rettungsboote an Bord. Unter einem tragischen Verlust von knapp 1.600 Passagieren, ging die „Titan“ im nördlichen Atlantik für immer unter.

Abb. 2: *Titelblatt des Romans*

Beim ersten Lesen könnte man meinen, es wäre eine Zusammenfassung dessen, was sich im Jahre 1912 mit der „Titanic“ zugetragen hat, aber dem ist nicht so. Robertson hat schon 1898 fast haargenau dieselbe Geschichte beschrieben, wie sie sich 14 Jahre später tatsächlich auf dem Nordatlantik abspielte.

Wie dies möglich war, darüber ist man sich bis heute nicht ganz einig. Der Autor interessierte sich schon immer für das Übersinnliche, das Unerklärliche, das Okkulte. Einige Quellen und Experten behaupte(te)n, dass er, laut eigenen Aussagen, einen Traum hatte, in dem er das Schiff („Titan“) sinken sah, als es zuvor an einem Eisberg zerschellte. Er selber gab aber auch an, einen Geistesverwandten im Weltall zu besitzen, der ihm die Ideen für seine Geschichten liefere. Allerdings, wie es wirklich zu

5 Eine kleine Insel vor Amerika, die sich in kanadischem Besitz befindet; Hauptstadt: St. John´s. Bekannt sind die Neufundlandbänke, die auch als der „Schiffsfriedhof“ bezeichnet werden, da sehr viele Schiffe hier untergegangen sind.

seiner Vorahnung kam, darüber kann die heutige Parapsychologie[6] keine genaue Auskunft geben.[7]

Dieser Roman erntete damals sehr viel negative Kritik. Die Buchkritiker zerrissen Robertsons' Werk sprichwörtlich öffentlich. Das Werk entspräche nicht der Realität und würde eine Negativ-Werbung für die hiesigen Schiffsunternehmen bedeuten.[8]

14 Jahre lang war der utopische Roman „Futility" dem Hohn und Spott ausgesetzt; aber dann ging es für das Werk bergauf: Nach dem „Titanic"-Unglück wurde „Futility" zum Kassenschlager schlechthin. Der Bestsellertitel zählt bis heute drei Auflagen in deutscher Sprache und ist nun unter „Titan – Eine Liebesgeschichte auf hoher See" in den Buchhandlungen erhältlich. [9]

Name:	*Titan*	*Titanic*
Datum:	1898 (Publikation)	1912 (Untergang)
Wo:	Nordatlantik	Nordatlantik
Route:	Southampton - New York	Southampton - New York
Reise:	Jungfernfahrt	Jungfernfahrt
Ursachen:	Eisberg-Kollision Schnelle Geschwindigkeit Zu wenig Rettungsboote	Eisberg-Kollision Schnelle Geschwindigkeit Zu wenig Rettungsboote
Ereignet:	In einer Aprilnacht	14./15. April
Seite + Länge:	Backbord (etwa 90m)	Backbord[10] (90m)
Das Schiff wurde genannt:	Größtes Schiff der Welt Wunder der Technik Unsinkbar	Das größte Schiff überhaupt Ein Wunder der Zeit Unsinkbar
Länge:	216 m	269 m
Schotts:	15 Stück	16 Stück
Gewicht:	45.000 Tonnen	46.000 Tonnen
PS:	40.000	45.000
Schrauben:	3 Stück	3 Stück[11]

Abb. 3: *Diese Tabelle zeigt die Gemeinsamkeiten und Unterschiede der beiden Schiffe:* ***links das Romanschiff und rechts die „Titanic".***

6 Die Psychologie des Unerklärlichen. Die Parapsychologie beschäftigt sich hauptsächlich mit Geistern, Visionen und dem Unbewussten der Menschen.

7 vgl.: www.cicerone.de. Daphne Grossmann. 21.12.2003

8 Die Kritiker meinten, dass durch dieses Buch das Vertrauen in die Technik infrage gestellt und somit in den Köpfen der Menschen das Misstrauen wachsen würde.

9 vgl.: Robertson, Morgan: Titan – Eine Liebesgeschichte auf hoher See. 3. Auflage. München. Wilhelm Heyne Verlag. 1997. S 4ff

10 Steuerbord – links - backbord – rechts (von hinten gesehen); in der heutigen Seefahrt umgekehrt.

11 vgl.: www.lux-aeterna.co.nz/Titan. 17.01.2004. Daten aktualisiert.

1.2 Vom Roman zur Idee

Der Roman galt als utopisch und keiner glaubte, dass so ein Mammutprojekt jemals wirklich realisiert werden würde. Doch den Traum eines solchen Schiffes träumte James Bruce Ismay, ein britischer Geschäftsmann, der egozentrisch war und seine Megalomanie auf dem Atlantik auslebte. „Je größer, je schneller, desto besser", war seine Devise. 1904 wurde er zum Präsidenten der englischen Schifffahrtsgesellschaft „White Star Line"[12] proklamiert und von da an stieg der Erfolg des Schiffsunternehmens kontinuierlich an. In Großbritannien herrschte zwischen der „White Star Line" und „Cunard Line"[13], den zwei wichtigsten britischen Schiffsunternehmen der damaligen Zeit, ein großer Konkurrenzkampf. Aber nicht nur zwischen den Teetrinkern kam es zum Kampf, auch mit dem Rest des Kontinents wurde um die Wette „geschifft". Zwischen Deutschland (damals führend die „Norddeutsche Lloyd Linie") und Großbritannien brach eine regelrechte „Sucht" aus, die Sucht besser, stärker, schneller und vor allem erfolgreicher als der Konkurrent zu sein. Deswegen wechselte das „Blaue Band"[14] im ersten Jahrzehnt des 20. Jahrhunderts oft seinen Besitzer. Während man am Ende des 19. Jahrhunderts noch knapp 14 Tage für die Überquerung des Atlantiks benötigte, brauchte die „Mauretania" 1907 die Hälfte der Zeit. Die „Mauretania" war zu ihrer Zeit das größte Schiff und galt damals schon als unübertrefflich. Dieses Schiff lief bei „Cunard" vom Stapel und erfreute sich schon bald großer Berühmtheit. Die Augen der Welt richteten sich nur mehr auf „Cunard" und auf ihr Prachtstück – die „Mauretania". Dies erschwerte natürlich die Arbeit für die „White Star", die ihre Marketingabteilung jetzt schuften ließ. Etwas Neues musste her, etwas Unübertreffliches, etwas, womit niemand rechnen würde und das die Welt noch nie sah. Ein Schiff, das den bisherigen Luxusstandard sprengen und das noch schneller als die „Mauretania" über den Atlantik brausen würde. Obwohl dies alles recht aufregend klingt, begann die wahre „Geburtsstunde" der „Titanic" recht einfach und war eigentlich nichts Aufregendes.

12 Damals eine erfolgreiche Schifffahrtsgesellschaft in Großbritannien mit Hauptsitz in Liverpool.

13 Ein erfolgreiches Schiffsunternehmen heute wie damals. Bekannteste Schiffe heute: „Queen Elisabeth II" und „Queen Mary II". Gilt heute als eine der besten Schiffsredereien, die Großbritannien zu bieten hat.

14 *Blaues Band:* Dieses Band erhielt jenes Schiff, das den Altantik am schnellsten hinter sich ließ.

An einem warmen Juliabend des Jahres 1907 trafen sich zwei berühmte Männer und deren Ehefrauen im Londoner Viertel Belgrave Square[15] im Hause Downshire zu einem gemütlichen Abendessen. Die Rede ist von Bruce Ismay, dem Präsidenten der „White Star Line“, und Lord James Pirrie, dem Vorsitzenden der irischen Schiffswerft „Harland & Wolff“[16] in Belfast, die damals größte und bekannteste Baugesellschaft für Schiffe in Großbritannien, wenn nicht sogar der ganzen Welt.

Abb. 4: *Bruce Ismay*

Ismay und Pirrie kannten sich schon sehr lange und waren miteinander befreundet. Ein Abend im engen Freundeskreise war keine Seltenheit für die beiden Gentlemen. Nur dieses Mal war Ismay nicht nur mit Wein und Zigarren gekommen, sondern auch mit einem Plan und einer Idee. Während sich die zwei Ehefrauen unterhielten, sprachen die zwei Männer bei Wein und einer guten Zigarre über die zukünftige Entwicklung der „White Star Line“ und auch deren Schiffe. Ismay legte Pirrie drei Mammutprojekte vor, die relativ utopisch erschienen: Er wollte, dass, mit Hilfe von Pirrie, drei enorm große Dampfer vom Stapel laufen sollten, einer größer und besser als der andere. Es sollte an keinem Luxus gespart werden und mit den modernsten Gerätschaften ausgestattet sein. Auch die Namen standen schon fest: „Olympic“, „Titanic“ und „Gigantic“[17]. Ismay klärte seinen Gesprächspartner darüber auf, dass es immer schwieriger werde, mit „Cunard“ mitzuhalten, denn die Konkurrenz lässt nicht auf sich warten. Jeder der beiden Schiffsunternehmen, wollte ihre Schiffe mit dem Prädikat „the best“ schützen lassen. Nur dies war nicht so einfach.

Die „White Star Line“ war Stammkunde bei den Iren. Das erste Schiff spürte 1870 das Wasser; diesem folgten noch 75 weitere Projekte, alle im Auftrag der „White Star Line“.

Die Projekte waren vielversprechend. Dennoch warfen diese zwei scheinbar nicht zu beantwortende Fragen auf: Kann man die Projekte finanzieren und kann man damit auch Passagiere anlocken? Zwei scheinbar unlösbare Probleme, aber nur auf den ersten Blick.

---

15 Eines der Londoner Nobelviertel.

16 Benannt nach ihren Gründern Edward J. Harland und Gustav Wilhelm Wolff.

17 „Gigantic“: dieses Projekt wurde nach dem Untergang der „Titanic“ vorerst eingestellt und nach dem Ersten Weltkrieg unter dem Namen „Britannic“ verwirklicht.

Die britische Designerfirma „Messrs Heaton Tabb & Co.“[18] kreierte die Innenausstattung für die „Olympic“ und für die „Titanic“. Diese handkolorierten, einmaligen Zeichnungen spiegelten den Luxus wider, der von der „White Star“ angestrebt wurde: Britisches Fichtenholz, von allen Seiten beleuchtet mit Goldrändern. „Heaton Tabb“ verwendete für die „Titanic“ einen einfachen, aber dennoch luxuriösen Stil; Luxus von der ersten bis zur dritten Klasse.

Mit diesem Konzept konnte der Verwirklichung der Projekte eigentlich nichts mehr im Wege stehen. [19]

Abb. 5: *Die prachtvolle Treppe, mit dem handgeschnitzten Lichtständer im Vordergrund, die zum Speisesaal der ersten Klasse führte.*

Abb. 6: *Ein immer wieder gern verwendetes Bild, um die Größe des Schiffes darzustellen.*

[18] Die damals bekannteste Designerfirma Großbritanniens. Diese stellte unter anderem auch die Originalbaupläne für den Kassenschlager „Titanic“ zur Verfügung, um die Innenausstattung des Schiffes für den Film originalgetreu nachzubauen.

[19] vgl.: McCluskie, Tom: Die Titanic im Detail. 1. Auflage. Augsburg. Bechtermünz Verlag. 1998. S 6-9

1.3 Von der Idee zum Bau

Am 31. März 1909 war es dann schließlich so weit, ein großer Tag für die „White Star Line“: Baubeginn der „Titanic“. In der nordirischen Hauptstadt Belfast wurde in der Schiffswerft „Harland & Wolff“ die Kiellegung der „R.M.S. Titanic“[20] vorgenommen, die sog. Grundsteinlegung eines neuen Ozeandampfers. Die Auftragsnummer war 401, die bei den späteren Nachforschungen eine wichtige Rolle spielte (darauf wird später noch genauer eingegangen). Von da an arbeiteten fast 14.000 irische Arbeiter an dem größten Projekt aller Zeiten. Chefkonstrukteur war der Belfaster Thomas Andrews, einer der besten Konstrukteure, den „Harland & Wolff“ zu bieten hatte, denn für die „Titanic“ sollte ja nur das Beste vom Besten zur Anwendung kommen. Von der ersten Schraube bis hin zum letzten Schiffsmasten war er verantwortlich. Verwendet wurde eine neuartige Stahlummantelung, die großer Hitze und auch eisiger Kälte standhalten sollte: Sie sollte Schutz gegen die Hitzen in den Kesselräumen und gegen der eisigen Luft im Nordatlantik bieten. Warum der Stahl trotzdem nachgab, wird später erklärt.

Die irischen Männer, die die Ehre hatten, sich am Bau dieses Schiffes, das in die Geschichte eingehen sollte, zu beteiligen, waren natürlich mit Engagement und Enthusiasmus bei ihrer Arbeit. Es sollte perfekt und vollkommen werden. Sie waren ja schließlich dafür verantwortlich und Andrews bzw. „Harland & Wolff“ zählten auf sie. Zudem sicherte ihnen dieses Projekt für mindestens zwei Jahre den Lebensunterhalt und dies war damals nicht selbstverständlich. Aber es war gleichzeitig auch eine Sicherstellung für weitere Arbeiten bei einem Schiffsbau. [21]

Abb. 7: *Chefkonstrukteur Thomas Andrews*

---

20 *R.M.S.:* royal mail ship/steamer; *übersetzt:* königliches Postschiff/Postdampfer

21 vgl.: McCluskie, Tom: Die Titanic im Detail. S 14, 15, 21, 57
vgl.: Geheimnis Titanic. *LIMIT.* Ausgabe eins vom Januar 1998. S 62-65
vgl.: Die Titanic war ihr Schicksal. Sendedatum: 14.08.1998. Quelle: RTL Television®

1.4 Vom Bau zur Jungfernfahrt

Mitte Mai 1911 war die letzte Schraube am Schiff festgeschraubt worden und sie war für ihren Stapellauf bereit. Am 31. Mai 1911 wurde sie, kurz vor Mittag, in einer feierlichen Zeremonie mit einem guten Champagner auf den Namen R.M.S. „Titanic“ getauft. Um 12.15 Uhr verließ sie mit Hilfe von literweise Schmierseife, Öl und anderen rutschigen Mitteln, die Rampe des Belfaster Trockendocks, wo sie zwei Wochen lang stand, und machte sich zu den pflichtigen Kontrollfahrten zwischen Irland und Großbritannien auf. Dabei wurden die verschiedensten Wendemanöver, Katastrophenfälle und andere erwartete Unfälle berücksichtigt und erprobt.

Inzwischen kam es aber beim Schwesterschiff „Olympic“ zu einem aufsehenerregenden Zwischenfall: Unter der Leitung von Edward John Smith[22] stieß die „Olympic“ mit dem britischen Marinedampfer „Hawke“ zusammen. Dabei wurde die Außenwand der „Olympic“ so schwer beschädigt, dass es beinahe unmöglich schien sie wieder seetauglich zu machen. Zuerst glaubte man, dass der einzige Weg die Verschrottung sei, das einen Millionenverlust für die Reederei zur Folge gehabt hätte. Aber sie wurde doch repariert. War dies ein böses Omen? War Kapitän Smith ein vom Pech verfolgter Kapitän? Kapitän Smith war mit seinen 59 Jahren, der älteste unter den Schiffsführern der „White Star Line“.

Abb. 8: *Kapitän Smith*

Seit 26 Jahren arbeitete Smith für dieses Schiffsunternehmen und war der erfahrendste Kapitän, den die Reederei zu bieten hatte. Nur eben in letzter Zeit ließ seine Erfahrung zu wünschen übrig. Aber Bruce Ismay wollte ihn trotz allem hinter das Steuerrad setzen. Zum einen, weil er die „Titanic“ am schnellsten nach New York bringen könnte, zum anderen, weil Ismay ihm einen gelungen Abschied bereiten wollte. Für Kapitän Smith sollte dies die letzte Fahrt werden, bevor er seine wohlverdiente Pensionierung antreten sollte, es wurde allerdings die letzte Fahrt seines Lebens.

Aber auch böse Gerüchte machten sich breit. Am Rumpf des Schiffes befand sich eine Kennnummer (406063): Das im Wasser auf den Kopf gestellte Spiegelbild dieser Zahl, ergab die Wörter „No Pope“[23]. Die katholischen Arbeiter waren deshalb

---

22 Späterer „Titanic“-Kapitän

23 *übersetzt:* kein Papst

sehr abgeneigt von dem Schiff. Aber auch die katholische Kirche regte sich darüber auf, da die „Titanic“ ein „Schiff des Teufels“ sein würde. Durch die bekannte Schlagzeile *„Gott selber könnte dieses Schiff nicht versenken!“* kam man zu dieser Aussage.

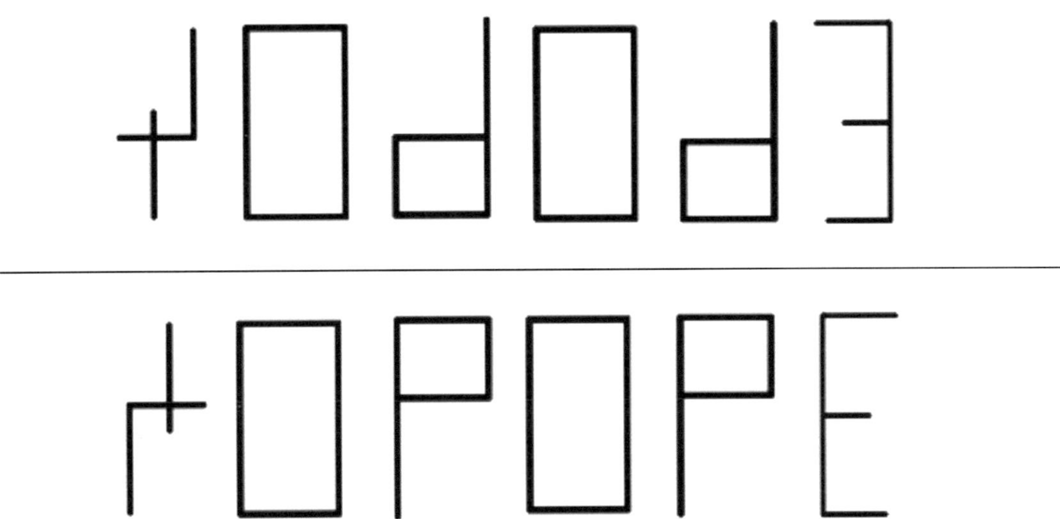

***Abb. 9:** Die Auftragsnummer der „Titanic“ (oben) und der darin versteckte Text (unten).*

Aber wie kam es zur Aussage \`Gott selber könnte dieses Schiff nicht versenken!´? Um dies herauszufinden müssen wir noch einmal zurück zum Stapellauf gehen. Bei einem Stapellauf werden, wie schon erwähnt, diverse Katastrophenfälle durchgeprobt. Diese Katastrophenfälle brachten an den Tag, dass sich die „Titanic“ verhältnismäßig lange über Wasser halten könnte: Wenn zwei Abteilungen geflutet wären, könnte sie sich noch über Wasser halten, und auch wenn vier Abteilungen beschädigt wären, könnte sie ihre Reise getrost fortsetzen. Es wäre also keine Besorgnis notwendig. Dies bestätigte man der Presse in der offiziellen Pressekonferenz und meinte: „[...]Die \`Titanic´ ist also beinahe unsinkbar![...][24]“ Aber eine Schlagzeile muss wirken, sie muss sich verkaufen können, nicht nur heute wissen wir dies. Deswegen wurde dieses im Wege stehende Wort „beinahe“ einfach eliminiert und die Schlagzeile erschien im neuen Glanz: *„Neuer White Star Dampfer ist unsinkbar! Gott selber könnte dieses Schiff nicht versenken!“* Von da an begleitete diese Schlagzeile die „Titanic“ und jeder, der von ihr hörte, glaubte, dass sie unsinkbar ist. Deshalb ver-

[24] Titanic – Der Mythos lebt weiter. USA 1995. Quelle: VCL®

suchte die katholische Kirche, unter anderem mit Protesten und Aufständen, die Reise zu boykottieren.

Eine weltweit verkaufte Schlagzeile, Massenbuchungen und vor allem die Gewissheit besser zu sein, als die Konkurrenz; das war der ganze Stolz der „White Star". Am 20. März sollte es soweit sein, die „Titanic" würde in See stechen. Aber der Start wurde verschoben, da kurz zuvor die „Olympic" repariert werden musste. Somit machte sie sich etwas verspätet auf nach Southampton[25], wo sie am 4. April eintraf, um sechs Tage später ihre erste und einzige Fahrt anzutreten. [26]

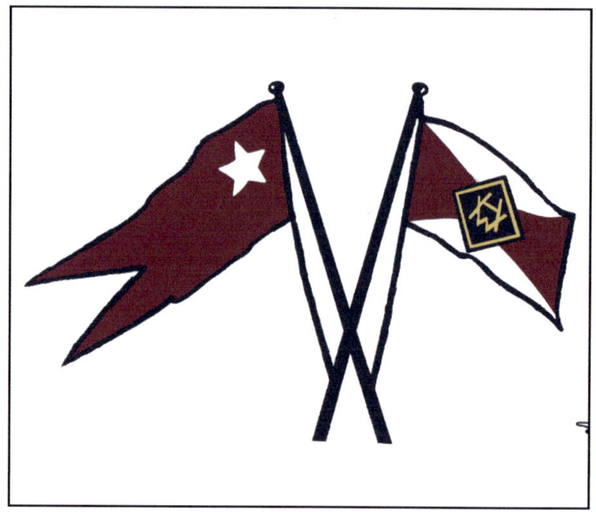

Abb.10: *Das Logo der „White Star Line" (links) und von „Harland & Wolff" (rechts).*

Abb. 11: *Lord Pirrie, der Vorsitzende von „Harland & Wolff".*

[25] Liegt an der Südspitze Englands.

[26] vgl.: Lord, Walter: Die Titanic Katastrophe – Der dramatische Untergang des Luxusdampfers. 9. überarbeitete Auflage der 20. Auflage. München. Wilhelm Heyne Verlag. 1998. S 7ff
vgl.: Titanic – Der Mythos lebt weiter. USA 1995

Kapitel 2: Die schicksalhafte Reise auf dem Nordatlantik

2.1 Southampton – 10. April 1912

Also konnte dem Start der historischen Reise eigentlich nichts mehr im Wege stehen. 1.600 Passagiere hatten in etwa gebucht, wovon knapp 200 allerdings aus den verschiedensten Gründen die Reise nicht antraten. Tatsächlich gab es einige, die stornierten, da sie die Ungewissheit, eine Vorahnung, plagte, die sie aus gutem Grunde daran hinderte, diese Reise überhaupt anzutreten. Ein Beispiel dafür war das amerikanische Ehepaar Wenderbuilt[27], das am Tag der Abreise telefonisch stornierte. Insgesamt zählte die Passagierliste der „Titanic" 1.316 Passagiere und 891 Mann Besatzung, die für die Sicherheit der an Bord reisenden Menschen zuständig war.

Beim Start kam es zu einem kleinen Zwischenfall: Als sich das Schiff langsam den Weg durch den Hafen bahnte, riss der Sog der Schrauben den kleinen Dampfer „New York" von den Halteleinen und brachte diesen auf Kollisionskurs mit der „Titanic". Im letzten Moment konnte der Steuermann durch eine geschickte Bewegung des Steuerrades ein Unglück verhindern. Hiermit wurden die bösen Vorahnungen erneut bekräftigt.

Neben den 2.207 Menschen, die im Laufe der verschiedenen Stationen an Bord gingen, wurde aber auch noch eine Fülle anderer Dinge verschifft, die nicht wenig waren; so zum Beispiel auch Post und Lebensmittel. Aber wo ist die Inventarliste? Es glaub(t)en viele, dass es keine Inventarliste des Schiffes gibt. Aber diese existiert und ist sehr umfangreich:

Ein Auszug aus der Inventarliste der R.M.S. „Titanic"

Lebensmittel:	Anzahl:
Äpfel	180 Kisten (etwa 36.000 Stück)
Butter, frisch	3.000 kg
Eier, frisch	20.000 kg
Fisch, frisch	5.500 kg
Fleisch, frisch	37.500 kg
Geflügel & Wild	12.500 kg
Kaffee	1.100 kg

[27] *George und Mary Wenderbuilt:* ein amerikanisches Millionärsehepaar. Mr. Wenderbuilt stornierte die Reise, da seine Frau in der Nacht vor dem Start einen Traum hatte, worin sie das Schiff untergehen sah.

Mehl	200 Fässer
Milch, frisch	6.825 Liter
Orangen	180 Kisten (etwa 36.000 Stück)
Tee	400 kg
Tomaten	2.800 kg
Zitronen	50 Kisten (etwa 16.000 Stück)
Zucker	5.000 kg
Getränke:	**Anzahl:**
Bier	20.000 Flaschen
Brände/Spirituosen	850 Flaschen
Mineralwasser	15.000 Flaschen
Wein	1.500 Flaschen
Geschirr, Glas- und Silberwaren:	**Anzahl:**
Austerngabeln	1.000
Blumenvasen	500
Buttermesser	400
Butterteller	400
Champagnergläser	1.500
Cocktailgläser	1.500
Essteller	12.000
Fleischteller	400
Gabeln	8.000
Hauptgangteller	400
Kaffeekannen	1.200
Kaffeetassen	1.500
Kaffeeuntertassen	1.500
Likörgläser	1.200
Löffel	5.000
Salzlöffel	1.500
Salzstreuer	2.000
Wassergläser	8.000
Weingläser	1.500
Wäsche:	**Anzahl:**
Betttücher	3.600
Geschirrtücher	2.000
Handtücher	25.000
Kissenbezüge	15.000
Kochbekleidung	3.500
Laken (doppelt)	3.000
Laken (einzeln)	15.000
Schürzen	4.000
Servietten	45.000
Tischdecken	6.000
Toilettenhandtücher	8.000[28]

Punkt Mittag stach dann das Schiff in See, um sich seinem Schicksal hinzugeben. Aber an diesem Tag passierte etwas, das möglicherweise den Verlauf der Katastrophe beeinflusste. Im Kohlebunker fünf brach ein Feuer aus, das die Heizer vorerst nicht unter Kontrolle bringen konnten.

[28] Eaton, John P., Haas, Charles A.: Titanic – Legende und Wahrheit. Erste überarbeitete und erweiterte Auflage. Wintermühlendorf. HEEL Verlag GmbH. 1997. S 68-70
Bäbler, Günter: Reise auf der Titanic. Zweite Auflage. Zürich. Chronos Verlag. 1998. S 34, 35, 37, 38

Zur damaligen Zeit gab es gewaltige Unterschiede zwischen arm und reich. Auch auf der „Titanic“ war dies zu spüren und zu sehen. Auf den Dampfern war es üblich, das Schiff in Klassen einzuteilen:

Klasse:	Schicht:	Ticket-Preis:
1. Klasse	obere Zehntausend, die dicken Brieftaschen jener Zeit	**8.000 Dollar**
2. Klasse	damaliger Mittelstand, vor allem Lehrer und Pfarrer	**300 Dollar**
3. Klasse	Auswanderer, die in der „Neuen Welt“ ein besseres Leben beginnen wollten	**35 Dollar**[29]

Abb. 12: *Eine Übersicht der drei Klassen.*

Der reichste Mann, der auf dem Schiff reiste, gehörte gleichzeitig auch zu den reichsten Männern Amerikas. Ihm gehörten einige Bergwerke und Hotels. Sein Name war damals über alle Grenzen hinaus bestens bekannt: Sir John Jacob Astor. Er reiste mit seiner jungen, schwangeren Frau Madeleine, die in den folgenden Wochen ein Kind erwartete. Madeleine war 19, ihr Mann war 62. Dies war damals nichts Ungewöhnliches, im Gegenteil, solche Männer hatten oft junge Frauen, die nur darauf warteten das Vermögen zu erben.

Auch bekannt waren die Gründer der Kaufhauskette „Macy´s“[30] in New York, Ida und Isidor Strauß.

Auch zu den berühmten Passagieren und den wahren Helden jener Nacht, zählt der amerikanische Millionär und Geschäftsmann Benjamin Guggenheim auf dessen berühmte Aussage und Tat später noch genauer eingegangen wird.

Abb. 13: *Das Ehepaar Astor*

[29] *Zum Vergleich:* ein US-Dollar war im April 1912 ca. 5,23 Lire/Pfennig wert.
[30] Heute wie damals eines der führenden amerikanischen Kaufhäuser.

2.2 Zwischenstop in Cherbourg[31]

Kurz nach 19.00 Uhr legte die „Titanic“ in Cherbourg an, wo sie weitere Passagiere und Post, die nach Amerika verschickt werden sollte, aufnahm. Hier kam eine weitere Lady an Bord, die in die Geschichte als die „Unsinkbare Molly Brown“ eingegangen ist. Mit bürgerlichem Name hieß sie Margarethe Brown, doch sie wurde von allen Molly genannt. Sie war eine gute Freundin der Astors und wollte diese Reise zuerst gar nicht antreten. Jedoch überredete sie Mr. Astor mit ihnen zusammen nach Amerika zu reisen.

Cherbourg war das Einstiegsziel für viele aus der zweiten Klasse. Viele Lehrer und Pfarrer traten von hier aus ihre Reise mit der „Titanic“ an. Unter ihnen war auch ein Franzose, der auf der Passagierliste unter dem Namen Mr. Hoffmann aufschien. Jedoch war dieser nicht unter dem Namen „Hoffmann“ bekannt. Er hieß eigentlich Roger Navratil und war mit seinen beiden Söhnen Michel und Roger unterwegs. Er stand kurz vor seiner Scheidung, die er dadurch zu verhindern suchte, dass er seine beiden Söhne entführte, um mit ihnen nach Amerika zu fliehen. Diese beiden Kinder gingen in die Geschichte als die berühmtesten jungen Passagiere ein, die ungewollt Schlagzeilen machten. Auf dies wird später noch genauer eingegangen.

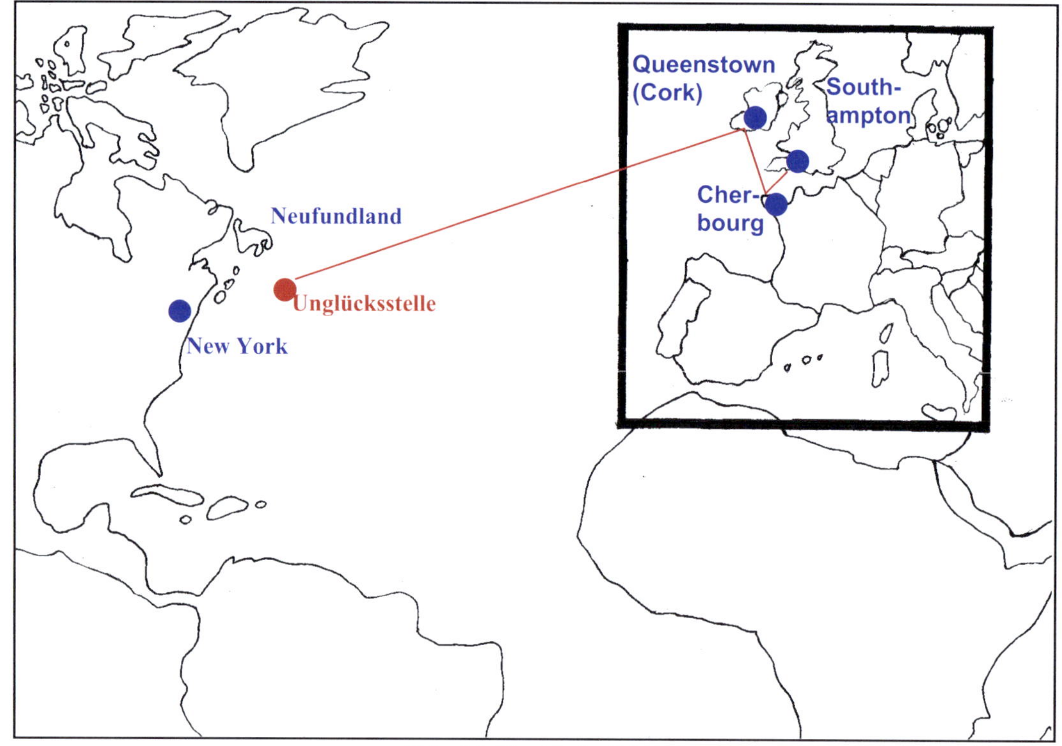

Abb. 14: *Der Verlauf der Reise*

[31] Cherbourg liegt an der nördlichsten Spitze der Normandie (Frankreich).

2.3 Anlegestelle: Queenstown[32] am 11. April 1912

Queenstown war die Hafenstadt, von der aus die meisten Passagiere der dritten Klasse das Schiff betraten. Irland war damals ein Land der Armen. Viele Auswanderer, die sich auf ein besseres Leben in Amerika freuten, stachen von Irland aus in See. Um etwa 12.00 Uhr legte das Schiff im Süden des Landes an, um die letzten Passagiere aufzunehmen und die Reise ohne weitere Zwischenstops fortzusetzen. Hier desertierte[33] Heizer John Coffy.

In Queenstown stieg auch eine Frau an Bord, die ein Ticket der ersten Klasse besaß und gerade deshalb auffiel, da sie mit sage und schreibe vierzehn Koffern reiste. „[...]Darin befanden sich unter anderem 40 Kleider, 38 Federboas und 91 Paar Handschuhe.[...]“[34]

Für die Passagiere der 3. Klasse gab es allerdings einen enormen Nachteil: Es war kein Platz in den Rettungsbooten für sie vorgesehen. Die Boote boten Platz für lediglich 1.178 Menschen und diese Plätze waren für die bessere Schicht reserviert. Aber wieso nur so wenig Rettungsboote? Für ein Schiff dieses Ausmaßes schrieb das britische Handelsministerium 16 Rettungsboote vor. Ursprünglich waren mehrere Boote zur Rettung geplant. Da man aber glaubte, dies würde nur störend auf dem Deck der ersten Klasse wirken, reduzierte man die Zahl auf ein Minimum. Man gab aber zusätzlich noch vier Faltboote auf das Schiff, sozusagen als Sicherstellung. Für das britische Handelsministerium war dies in Ordnung. Somit lief die „Titanic“ mit insgesamt 20 Rettungsbooten aus.[35]

Zu diesem Zeitpunkt wusste niemand, dass das Schiff zum letzten Mal das Festland sah.

Zwei Tage später, inmitten des Nordatlantiks, wurde das am 10. April ausgebrochene Feuer im Kohlebunker fünf endlich gelöscht. [36]

---

32 An der Südspitze Irlands. Die Stadt ist seit 1922 unter dem Namen Cork bekannt.

33 Fahnenflüchtig, Gesinnungswechsel, kündigen, das Schiff verlassen.

34 Lord, Walter: Die Titanic-Katastrophe – Der dramatische Untergang des Luxusdampfers. S 155

35 Die Schiffe, die das britische Handelsministerium bis dahin sah, hatten alle nicht eine so enorme Größe wie die „Titanic“. Es gab allerdings heftige Proteste gegen diese Verordnung. Man behauptete, dass die Neuerung der Gesetze nicht so einfach wäre, sodass man die „Titanic“ mit 16 Rettungsboote starten ließ.

36 vgl.: Lord, Walter: Die Titanic-Katastrophe – Der dramatische Untergang des Luxusdampfers. S 67ff
vgl.: Titanic – Das letzte Geheimnis. Sendedatum: 26.12.1998. Quelle: SAT.1®
vgl.: Titanic – Der Mythos lebt weiter. USA 1995
vgl.: Die Titanic war ihr Schicksal. 1998

2.4 Das historische Datum: *14. April 1912*

Um 9.00 Uhr hielt Kapitän Smith mit den Passagieren der ersten Klasse im Speisesaal eine Messe ab. Indessen tickerte es im Funkraum. Dieser war besetzt mit Jack Phillips und Harold Bride, die fast ununterbrochen Telegramme der Passagiere verschickten. Ebenfalls gegen 9.00 Uhr kam eine wichtige Nachricht herein: *„Eis 42° nördliche Breite und 49-51° westliche Länge.“*[37] Diese Meldung wurde pflichtgemäß an den Kapitän weitergereicht. Dieser machte sich, laut Überlieferung, große Sorgen darüber und ging zu Bruce Ismay, dem Architekten des Schiffes. Welches Gespräch sie führten, wird man wohl nie so genau sagen können. Smith soll Ismay über sein Bedenken unterrichtet haben, mit voller Kraft durch ein Eisfeld zu rasen. Jedoch stand für Ismay weniger die Sicherheit seiner Passagiere im Vordergrund, sondern vielmehr die Gewissheit mit dem „Blauen Band“ von Bord zu gehen[38]. Er forderte, dass die Jungfernfahrt der „Titanic“ Schlagzeilen mit sich bringen müsse. Beide beharrten aber auf ihrem Vorhaben und schlossen einen Kompromiss: Smith senkte die Geschwindigkeit nicht, sondern steuerte einen sehr viel südlich gelegeneren Kurs an. Ismay soll sogar, laut unbestätigten Quellen zufolge, veranlasst haben, die letzten Kessel zu feuern. Wenn dies stimmt, dann waren zur Zeit der Kollision alle 29 Kessel im Einsatz.[39]

Diese Meldung war aber nicht die letzte, die an diesem Tag im Funkraum des Schiffes einging. Weitere Warnungen vor Eisbergen folgten um 13.40 Uhr, sowie um 13.42 Uhr und um 21.40 Uhr. Nicht ganz klar ist bis heute, ob alle Eiswarnungen auf der Brücke eintrafen.

Rekordverdächtig war auch der gewaltige Temperatursturz innerhalb einer halben Stunde. Dies war sicherlich eine Vorwarnung auf das sich in der Nähe befindliche Eisfeld, das immer näher kam. Der zweite Offizier Charles Lightoller befahl einem Matrosen die Temperatur zu messen. Um 19.00 Uhr betrug diese etwa 6° Celsius. 30 Minuten später maß der Seemann erneut; diesmal war die Quecksilberlinie auf knapp 4° Celsius gesunken. Zwei Stunden später froren die ersten Leitungen ein. Kurz zuvor wurde erneut die Temperatur gemessen, die diesmal um den Gefrierpunkt lag. [40]

---

[37] Lord, Walter. Die Titanic-Katastrophe – Der dramatische Untergang des Luxusdampfers. S 200
[38] Damals war das „Blaue Band“ noch in Besitz der „Cunard Line“ und der „Mauretania“.
[39] Titanic. James Cameron. USA 1997. Quelle: Twentieth Century Fox®
Titanic. Robert Liebermann. USA 1996. Quelle: Hallmark Home Entertainment®
[40] vgl.: Lord, Walter. Die Titanic-Katastrophe. S 200, 201, 203

2.4.1 Le dîner d´adieu[41]

An gutem Essen mangelte es auf diesem Schiff niemals. Absteigend nach Klassen gab es unterschiedliche Menüs mit einer unterschiedlichen Anzahl an Gängen. So zum Beispiel durften sich die Passagiere der ersten Klasse über täglich acht bis zehn Gänge auf ihrem Menü freuen, während sich die „untere Schicht" mit „nur" drei Gängen zufrieden geben musste. Hier nun die Menüs aller drei Klassen vom 14. April 1912:

ERSTE KLASSE DINNER:

** gemischte, kalte Vorspeisen*

41 *übersetzt:* die Henkersmahlzeit, das Abschiedsmahl.

Zweite Klasse Dinner:

Menu

Dreischraubendampfer

2. Klasse

April 14, 1912

Abendessen

Consommé Tapioka

****

Gebackener Schellfisch, scharfe Sauce

Curry Hünchen und Reis

Springlamm, Minzesauce

Gebratener Truthahn, Moosbeersauce

****

Grüne Erbsen *Pürierte, weiße Rüben*

Reis

Salz- und Bratkartoffeln

****

Pflaumenpudding

Weingelee Kokosnussbrötchen

Amerikanisches Speiseeis

Nüsse in allen Sorten

Frische Früchte

Käse-Biskuit

Kaffee

DRITTE KLASSE DINNER:

Die Menüs vom 14. April 1912[42].

[42] Bäbler, Günter: Reise auf der Titanic. S 72-74

2.4.2 Die letzten Minuten vor der Kollision – *23.00 Uhr*

Zu diesem Zeitpunkt waren die meisten Passagiere der dritten Klasse schon in ihren Betten. Die Leute in der zweiten Klasse waren noch in der Schiffsbibliothek oder vergnügten sich ein wenig auf dem Deck. Die Millionäre in der ersten Klasse waren allerdings noch eifrig beim Feiern: Die Männer waren bei einem guten Glas Whiskey und einer Zigarre im Rauchsalon und die Frauen brachten im Speisesaal oder an der Bar ihren Klatsch und Tratsch auf den neuesten Stand. Keiner dachte je an etwas Schlimmes, denn die „Titanic" ist ja unsinkbar.

Kapitän Smith verließ gegen 21.30 Uhr die Brücke und übergab das Kommando dem ersten Offizier William Murdoch.

Etwa zur gleichen Zeit traten zwei Männer ihren Dienst im Ausguck an: Frederick Fleet und Reginald Lee waren die Wachposten im Krähennest, mit spezieller Aufgabe auf Eisberge Acht zu geben. Die Temperatur im Krähennest war weit unter der, die auf dem Oberdeck des Schiffes herrschte. Die Männer mussten bei einer eisigen Temperatur von –18°C und mit wenig Kleidung ihre Augen nach weißen, großen Eisbergen offen halten, die dem Schiff gefährlich werden könnten. Die Arbeit wurde zusätzlich erschwert, da in dieser Nacht (Ironie des Schicksals?) kein Mond schien, der das Ersichten gefährlich werdender Massen einfacher gemacht hätte. Trotz des Nichterscheinens des Himmelskörpers, war die Sicht am Himmel gut, keine Wolken waren zu sehen. [43]

Abb. 15: *Frederick Fleet war der erste Mensch auf dem Schiff, der den Eisberg sah.*

[43] vgl.: Lord, Walter: Die Titanic-Katastrophe – Der dramatische Untergang des Luxusdampfers. S 42ff
vgl.: Titanic. James Cameron. USA 1997

2.4.3 The Crush – Die Kollision mit dem Eisberg

Etwa um 23.37 Uhr sichteten die Männer im Ausguck eine graue Masse, die, je näher sie kam, immer größer wurde. Zuerst konnten sie sie nicht identifizieren. Doch je näher das Schiff der Masse kam, desto mehr bestätigte sich die Vorahnung der Männer: ein Eisberg. Fleet läutete drei Mal die Glocke im Krähennest, worauf Murdoch seine Aufmerksamkeit auf den Ozean richtete. Fleet nahm den Hörer von der Gabel und telefonierte mit der Brücke. Dort kam gerade sechster Offizier Moody des Weges, der den Hörer von der Gabel nahm. Eine aufgeregte Stimme am Ende der Leitung schrie: „Is any who there?“[44] Moody entgegnete: „Yes, what are you seeing?“[45] Und die folgenden Worte besiegelten das Schicksal des Schiffes: „Iceberg right ahead! Distance 500 meters!“[46] Moody rannte darauf zu Murdoch und wiederholte das, was Fleet ihm kurz zuvor bestätigte. Ironie des Schicksals: Der erste Offizier gab von allen möglichen Anweisungen genau die falsche: „Ruder hart steuerbord, volle Kraft zurück!“ Der Steuermann tat das, was ihm aufgetragen wurde.

Um die nun kommende Szene zu verdeutlichen: Das Schiff hatte zum Zeitpunkt des Blickkontaktes mit dem Eisberg eine Fahrt von 22 Knoten, also volle Fahrt. Dies bedeutet, es hatte die maximale Schubkraft nach vorne ausgerichtet. Murdoch stoppte diese abrupt und ließ die Maschinen fortan rückwärts laufen. Niemals wäre es möglich gewesen, das Schiff vor dem Eisberg zu stoppen, da der Bremsweg eines solchen Schiffes bei voller Fahrt mindestens zwei bis drei Kilometer (!) betragen würde. Deswegen wäre es nie möglich gewesen, dass die „Titanic“ sofort mit voller Kraft hätte zurückfahren können.

Welche zwei Manöver wären die richtigen gewesen: „Weiter volle Kraft voraus und Ruder hart steuerbord“ oder „Weiter volle Kraft voraus“. Wäre die „Titanic“ weiter mit voller Kraft voraus gefahren, sodass die Schubkraft weiter gelaufen wäre, dann hätte sich das Schiff schneller gedreht und wäre möglicherweise nicht mit dem Eisberg kollidiert. Dadurch wären nur zwei der wasserdichten Schotts vollgelaufen.

Abb. 16: *Erster Offizier William Murdoch*

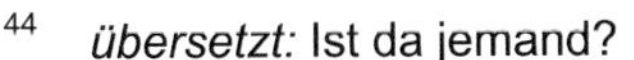

44 *übersetzt:* Ist da jemand?

45 *übersetzt:* Ja, was sehen Sie?

46 *übersetzt:* Eisberg direkt voraus! Abstand 500 Meter!

Oder Murdoch hätte das Schiff direkt in den Eisberg fahren lassen. Allerdings wurde dies auf den Schifffahrtsschulen nie gelehrt und so hätte Murdoch hinterher seinen Beruf aufgeben müssen, denn er hätte niemandem erklären können, dass dies die einzig richtige Maßnahme gewesen wäre, um ein Unglück zu verhindern.

Murdoch wurde hinterher als einer der Helden der tragischen Nacht proklamiert, da er anscheinend alles getan hat, um das Unglück zu verhindern. [47]

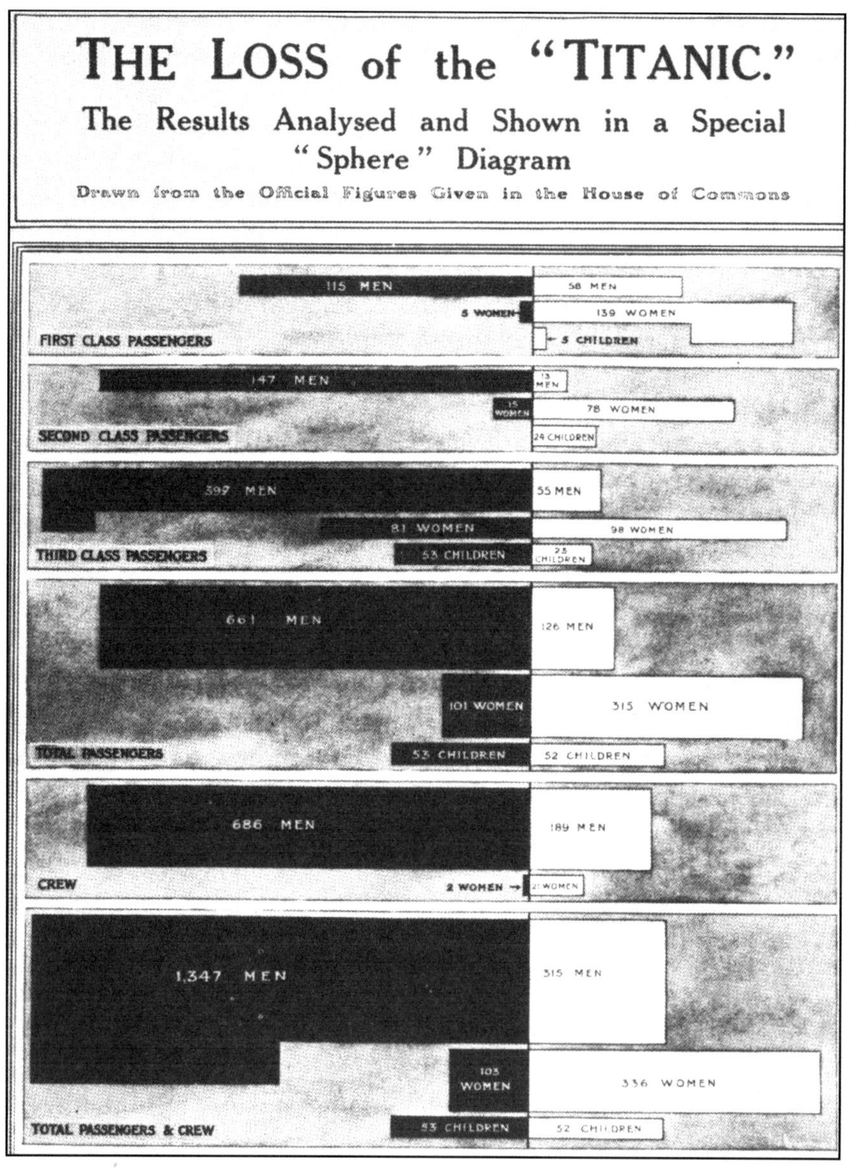

Abb. 17: *Die Opfer des Unglücks, aufgeteilt nach Klassen, Crew und die Summe der Opfer. Hier werden die klaffenden Unterschiede klar: Es haben mehr Männer aus der ersten Klasse überlebt, als Kinder aus der dritten Klasse. Alle jungen Opfer (53 an der Zahl) stammen aus der dritten Klasse.*

---

47 vgl.: Burti, J.: *Jugendmagazin JÖ.* S 6, 8
vgl.: Geheimnis Titanic. *LIMIT.* S 64f

2.4.4 Eisschießen auf dem Deck und der Handel mit den Rettungsboot-Plätzen

In den ersten Minuten hielt man den Crush noch für ein Gerücht. Einige spielten sogar mit den Stücken des Eisberges auf dem Deck, einfach so, um sich zu vergnügen. Zu diesem Zeitpunkt war es noch ein Spaß.

Etwa fünf Minuten später traf Smith auf der Brücke ein, um sich nach dem Geschehen zu erkundigen. Welche Befehle zu diesem Zeitpunkt erteilt wurden, wird wohl immer im Dunkeln bleiben, da alle Befehle im Logbuch festgehalten werden müssten und dieses bis dato noch nicht gefunden wurde. Die Schotts wurden vermutlich bereits von Murdoch geschlossen. Smith ließ die Passagiere wecken und die Rettungsboote klarmachen. Ob die Stewards den Befehlen Folge leisteten und alle Passagiere weckten, weiß man bis heute nicht ganz genau.

Chefkonstrukteur Andrews begutachtete den Schaden und erklärte anschließend auf der Brücke vor versammelter Mannschaft, inklusive Ismay, der einen Morgenmantel über seinen Pyjama anzog, das zukünftige Schicksal des Schiffes. Es drang bereits Wasser in die ersten vier Abteilungen ein, „insgesamt 400 Tonnen Meerwasser strömten pro Minuten in den Bauch des Ozeandampfers“[48]. Andrews prophezeite dem Kapitän knapp anderthalb Stunden für das Schiff, bevor der ganze Dampfer als Wrack am Boden des Atlantiks weilt. Ismay wollte den Blödsinn nicht glauben, denn die „Titanic“ konnte ja nicht sinken, aber Andrews bestätigte erneut, dass es aus war mit dem Schiff. Darauf soll Smith zu Ismay höhnisch gesagt haben, dass er nun „seine Schlagzeilen wirklich bekommen“[49] würde.

Smith ließ von den Bordfunkern Phillips und Bride einen Notruf absetzen. Damals war das internationale Notrufsignal noch C.Q.D.[50]. Die ausgerechnete und exakte Position der „Titanic“ war *„41° 46´(Minuten) nördliche Breite und 50° 14´ westliche Länge“*[51]. Der gefürchtete und sehr bekannte Morsecode für die „Titanic“ war MGY. Man morste damals nie den ganzen Namen des Schiffes, sondern jedes einzelne bekam einen eigenen Code.

Doch die „Titanic“ ging noch wegen eines weiteren Ereignisses in die Geschichte ein: Sie morste das erste S.O.S.[52] der Geschichte über den Atlantik.

---

48 Titanic – Das letzte Geheimnis. 1998
49 Titanic. James Cameron. USA 1997
50 *Come quickly danger:* schnell kommen, sind in Gefahr.
51 Lord, Walter: Die Titanic-Katastrophe – Der dramatische Untergang des Luxusdampfers. S 203
52 *Save our souls:* rettet unsere Seelen.

Es galt der Befehl „Frauen und Kinder zuerst“. Aber als die ersten Rettungsboote abgefiert[53] wurden, herrschte noch keine Panik, alles war in bester Ordnung. Also blieb den Stewards nichts übrig, als die Boote halbleer wegzuschicken[54]. Auf der Steuerbordseite hatte Murdoch das Kommando, auf der Backbordseite sagte zweiter Offizier Lightoller, wo es lang geht. Diese zwei Männer spielen in den letzten Minuten noch eine wichtige Rolle, da die Männer, die überlebt haben, ihr Leben dem ersten Offizier zu verdanken haben. Lightoller hielt sich strickt an die Anweisung von oben, Murdoch allerdings ließ, in einigen wenigen Fällen, auch die Männer das Boot besetzen.

Die Funker hatten bei ihrer Hilfesuche, die sie zuerst nicht so ernst nahmen, wenig Erfolg. Entweder antworteten die Dampfer nicht oder sie waren zu weit weg, um die „Titanic“ rechtzeitig zu erreichen. Erreicht wurde schließlich die „Carpathia“, ein kleiner Dampfer, der sich auf Mittelmeerkreuzfahrt befand und etwa 57 Seemeilen[55] von der derzeitigen Position der „Titanic“ entfernt war. Selbst bei voller Geschwindigkeit würde die Fahrt an die vier Stunden in Anspruch nehmen. Als Smith dies erfuhr, wusste er, dass, Andrews Befürchtungen zufolge, es bei diesem Unglück sicher mehr als tausend Tote geben wird.

Auf der „Carpathia“ war die Hölle los. Als der Bordfunker Harold Thomas Gottam die Nachricht Kapitän Arthur Rostron überreichte, der sich schon in seinem Schlafgemach befand, wollte Rostron es zuerst gar nicht glauben. Die „Titanic“ in Gefahr? Als Gottam ihm dies das dritte Mal bestätigte, setzte er Himmel und Hölle in Bewegung, um das Schiff auf eine mögliche Rettung vorzubereiten. Er ließ Decken stapeln, die Krankenstation vorbereiten und die Mannschaft in Bereitschaft versetzen.

Normalerweise betrug die eingetragene Höchstgeschwindigkeit der „Carpathia“ 15 Knoten[56], doch in dieser Nacht brach sie einen Rekord: Da Rostron sich beeilen wollte, um rechtzeitig bei der sinkenden „Titanic“ einzutreffen, drehte er die Heizung und das warme Wasser in allen Kabinen ab und verwendete diese Kraft für die Antriebsmaschinen, sodass das Schiff in dieser Nacht mit einer Spitzengeschwindigkeit von 17 Knoten[57] über den Atlantik brauste. Rostron brachte damit auch das eigene Schiff in Gefahr.

---

[53] Die Boote zu Wasser lassen/hinunterlassen.

[54] Die erste Hälfte der Boote wurde größtenteils halbleer weggeschickt. In einem Boot saßen sogar nur zwölf Menschen darin; etwa 65 hätten Platz gefunden!

[55] Etwa 110 Kilometer

[56] Etwa 32 km/h

[57] Etwa 37 km/h

Kapitän Smith wollte natürlich nichts unversucht lassen, um auf sich aufmerksam zu machen. Er ließ von einem Offizier alle zehn Minuten eine weiße Rakete abfeuern. Weiße Raketen sollen eine Warnung für die in der Nähe befindlichen Schiffe sein, die sich nicht nähern sollen, da das Schiff von einem Eisfeld umgeben ist. Aber niemals könnte man daraus schließen, dass sich das Schiff in unmittelbarer Gefahr befindet. Dafür gab es rote Raketen, aber solche befanden sich nicht an Bord.
Man hatte mit den Raketen sogar Erfolg: Etwa 15 Seemeilen[58] entfernt (die genaue Entfernung ist bis heute nicht ganz geklärt) befand sich der amerikanische Frachter „Californian", dessen Kapitän, Stanley Lord, angeordnet hatte das Schiff zu stoppen, da sie in ein Eisfeld geraten waren und er die Fahrt am Morgen wieder aufnehmen wollte. Ein Bootsmann sah die Raketen, deutete sie zuerst aber falsch. Aber als eine zweite und dritte folgte, vermutete er, dass es sich um ein Schiff in Gefahr handeln könnte. Er war sogar der Erste auf der „Californian", der meinte, dass dies die „Titanic" sein müsste. Daraufhin gab er dem Kapitän bescheid, der sich die Sache ansehen sollte. Aber Lord meinte, dass sie nur feiern würden und dass der Funker mit der „Titanic" Kontakt aufnehmen soll. Da dieser aber schon schlief und man ihn nicht wecken wollte, versuchte man nicht das Schiff zu erreichen. Auch Lord begab sich zur Abendruhe. Er interessierte sich nicht weiter, was hier überhaupt passiert war.

Spätestens als der Bug des Schiffes im eisigen Meerwasser verschwand, nahmen alle Passagiere die Situation ernst. Doch zu diesem Zeitpunkt schaukelten die meisten Boote, alle nicht vollbesetzt, bereits auf dem Nordatlantik. Auch Andrews griff ein, der von den Offizieren verlangte, die Boote bis auf den letzten Platz zu besetzen. Murdoch und Lightoller hatten aber Angst, dass sie das Gewicht der Leute nicht aushalten und dass die Boote, ehe sie das Wasser erreichen, durchbrechen könnten. Aber Andrews garantierte, dass es sicher sei und beharrte darauf, dass die Boote bis auf den letzten Platz besetzt werden.
Als das Chaos nicht mehr unter Kontrolle zu halten war, verteilte Smith Pistolen an die Offiziere, um im Notfall Kugeln abzufeuern. Mittlerweile stürmten die Passagiere die Boote. Als das Rettungsboot Nr. fünf klargemacht wurde, übergab Lightoller dem fünften Offizier Lowe das Kommando, der den ersten Schuss abfeuerte, um dem Ansturm entgegen zu wirken.

---

[58] Etwa 35 km

Ismay stand ebenfalls bei den Rettungsbooten bei Murdoch, um den Frauen und Kindern das Einsteigen zu erleichtern. Als aber keine Frauen mehr auf dieser Seite des Schiffes waren, gab Murdoch den Befehl, der die Männer aufatmen ließ: „Dann also die Männer!“[59] Dies ließen sich diese natürlich nicht zwei Mal sagen. Auch den Gentlemen war Ismay beim Einsteigen behilflich. Als das Boot zum Abfieren klargemacht wurde, entschloss sich auch Ismay das Boot zu betreten. Welche Kritik und Anschuldigungen er dafür erhielt, hätte er sich damals wohl nicht träumen lassen.

Abb. 18: *Der Eisberg, der die „Titanic“ zum Sinken brachte; so vermutet man es zumindest. Ein Steward des deutschen Schiffes „Prinz Adalbert“ machte am 15. April morgens diese Aufnahme. Am Fuße des Eisberges zog sich ein großer roter Streifen entlang, was auf eine Kollision hindeutete.*

Auch der erste Offizier machte Gebrauch seiner Waffe. Als die Menschenmenge das Boot stürmen wollte, hielt er die Waffe gezielt auf die Passagiere und drohte jeden zu erschießen, der sich bewegen würde. Da fiel jemand von hinten auf die Menge, die nun in Bewegung geriet und dadurch ein Mann in Murdochs' Schusslinie fiel. Dasselbe wiederholte sich ein zweites Mal. Alle sahen den ersten Offizier böse an, der erstaunt war über seine Tat. Er wandte sich ab, salutierte und versetzte sich einen Kopfschuss.[60]

Gegen 1.30 Uhr begann der „Handel“ mit den Rettungsbooten. Die Männer der ersten Klasse, die sahen, dass sie das Schiff nicht mehr verlassen konnten, boten jetzt

[59] Titanic. James Cameron. USA 1997

[60] Dieses Ereignis ist noch nicht geklärt. Man weiß zwar, dass sich ein Offizier erschoss, ob es aber wirklich Murdoch war, konnte allerdings bis heute nicht eindeutig geklärt werden.

ihr ganzes Geld den diensthabenden Offizieren an, um einen Platz im Rettungsboot zu erhalten. Es wird von einem Fall berichtet, wo ein Mann schrie: „Ich biete eine Million Dollar für einen Platz!“ Ein weiterer soll darauf geantwortet haben: „Ich biete eine Million mehr!“[61] So begann der Handel mit den Rettungsbooten, der aber wenig Erfolg brachte. [62]

Abb. 19/20: *Die zwei Funker Jack Phillips (links) und Harold Bride (rechts), die bis in die letzten Minuten Notrufe absetzten.*

Abb. 21: *Die Seitenansicht des Schiffes mit der Linie, an der der Eisberg entlangschrammte.*

Linie, an der der Eisberg entlangschrammte (90 Meter)[63]

Wasserlinie

---

[61] Titanic – Der Mythos lebt weiter. USA 1995

[62] vgl.: Titanic. James Cameron. USA 1997
vgl.: Titanic – Der Mythos lebt weiter. USA 1995

[63] Viele glaub(t)en, dass der Eisberg am Schiff eine Länge von knapp 90 Metern aufriss. Dies entspricht aber nicht dem wahren Geschehen. Der Eisberg riss nur kleine Löcher in die Außenhaut des Schiffes, die aber letztendlich zum Untergang führten. Was unglaublich ist: Die sechs Löcher am Rumpf hatten zusammen eine Größe von nur einem Quadratmeter. Unglücklicherweise lagen sie entlang einer Reihe von Schotts.

2.4.5 The last minutes of the downfall[64]

Für die Menschen, die bereits draußen auf dem dunklen Atlantik in einem Rettungsboot schaukelten, war der Anblick des sinkenden Schiffes furchtbar. Sie hörten, wie mehrere hundert Menschen verzweifelt um Hilfe riefen und sie nichts tun konnten, um sie zu retten.

Ismay, der sich im zusammensetzbaren Boot D befand, drehte sich ab, als das Heck sich schon weit gen Himmel gerichtet hatte. Er konnte den Untergang seines ganzen Stolzes, seines Meisterwerks, seines Traums nicht mehr mit ansehen.

Schiffsbäcker Charles Joughin befand sich bis fast zuletzt in seiner Kabine und konsumierte eine ganze Flasche Brandy. Dieser Weinbrand rettete dem Mann das Leben, da sich sein Körper durch den Alkohol erwärmte und dieser dadurch im eisigen Meerwasser (die Temperatur lag um den Gefrierpunkt) nicht erfror.

Die Bordband, die bislang nur Ragtime[65] spielte, erkannte, dass das Desaster bald zu einem Ende kommen wird. Kurz vor 2.00 Uhr morgens stimmten sie das Kirchenlied „Nearer my god to thee“[66] an, das heute noch bei Beerdigungen gespielt wird. Die Band-Mitglieder zählen zu den Helden jener Nacht. Alle von ihnen sind mit dem Schiff untergegangen.

Möglicherweise hatte das Feuer im Kohlebunker fünf Auswirkungen auf den Verlauf der Katastrophe. Durch die Hitze des Feuers innen und der eisigen Luft draußen, wurde der Stahl weich und ermüdete. Deswegen gab er vermutlich nach, als die Wassermassen gegen das Schott drückten. Das Wasser verteilte sich auch in einem fünften Schott und die Katastrophe nahm ihren Lauf.

Die Dampfkessel kamen aus dem Schiffsbauch herausgeschossen, als das Wasser sie erreichte. „[...]Einige Männer der ersten Klasse standen auf dem Deck und nahmen ihr Portemonnaie aus dem Hosenschlitz hervor, öffneten es und ließen mehrere tausend Dollar einfach über Bord gehen[...]“[67].

Abb. 22: *Einer der wahren Helden jener Nacht: Der Kapitän der „Carpathia“: Arthur H. Rostron.*

Abb. 23: *Die Bordband der „Titanic“ unter der Leitung von Wallace Hartley (Mitte). Bis zur letzten Minute spielten sie, ohne auch nur einmal daran zu denken, sich zu retten.*

---

64 *übersetzt:* Die letzten Minuten des Unterganges
65 Ragtime: leichte, klassische Tanzmusik.
66 *übersetzt:* Näher mein Gott zu dir
67 Titanic – Der Mythos lebt weiter. USA 1995

John Jacob Astor schlitze in der Turnhalle eine Schwimmweste auf, um seiner Frau den Inhalt zu zeigen. Dann brachte er seine Gattin zu einem Rettungsboot und verabschiedete sich von Madeleine mit der Gewissheit, sie nie wieder zu sehen.

Isidor Strauß war vermutlich der erste Mann, dem Offizier Murdoch einen Platz im Rettungsboot anbat. Doch dieser lehnte ab, denn er wollte, dass seine Frau das Boot betrat. Doch Ida Strauß entgegnete ihm, dass „wenn du nicht gehst, ich bei dir bleibe, für immer, bis zur letzten Stunde“[68]. Und dies tat sie auch.

Der amerikanische Millionär Benjamin Guggenheim verschwand in seinem Zimmer und kam mit seinem Kammerdiener irgendwann wieder hervor. Als Kleidung trugen die beiden ihre beste und teuerste Abendgarderobe. Als ein Steward ihnen eine Schwimmweste anbieten wollte, sagte er einen Satz, der in die Geschichte einging: „Wir sind angemessen gekleidet und bereit, als Gentlemen unterzugehen!“[69] Dies taten sie dann auch, wie von Guggenheim gewollt, mit Würde und Stil.

Abb. 24: *Benjamin Guggenheim*

Roger Navratil[70] brachte gegen 2.00 Uhr seine beiden Söhne Michel und Roger auf das Bootsdeck, gab sie einer Frau und sagte, sie solle gut auf sie aufpassen.

Gegen 2.18 Uhr erloschen die Lichter und ein lautes Knirschen und Knattern war zu hören. Die „Titanic“ brach zwischen dem dritten und vierten Schornstein auseinander.[71] Das Heck klatschte mit einer gewaltigen Wucht auf die Wasseroberfläche. Der Bug brach ab, zog das Heck aber erneut mit sich. In der Senkrechten blieb es noch für einige Minuten stehen, bevor auch dieses dann unterging. Nun trieben Dutzende im Wasser umher und riefen um Hilfe.

In Rettungsboot Nr. zwei saß Molly Brown mit Frauen, die gerade zu Witwen wurden, und schlug ihnen vor umzukehren. Das Kommando hatte Steuermann Hytschens, der der Frau befahl, sich „wieder zu setzen“[72], da es zwecklos sei umzukehren. So fing ein heftiger Konflikt an, der damit endete, dass Molly Brown drohte, ihn über Bord zu werfen und sie (als einzige Frau in jener Nacht) das Steuerruder übernahm.[68]

---

[68] S.O.S. Titanic. Billy Hale. GB 1979. Quelle: Argonaut/Roger Gimpel Prod./ABC/EMI®

[69] Eaton, John P., Haas, Charles A.: Titanic – Legende und Wahrheit. S 28

[70] Roger Navratil alias Mr. Hoffmann

[71] Vermutlich ist dieses Geschehen auch auf das Feuer im Kohlebunker fünf zurückzuführen. Der Stahl war ermüdet.

[72] Titanic – Der Mythos lebt weiter. USA 1995

Von den zwanzig Booten, die nun kreuz und quer im Atlantik umhertrieben, machte sich nur eines (!) auf den Weg, um Überlebende aus dem Wasser zu bergen. Es war das Rettungsboot Nr. fünf, wo fünfter Offizier Lowe das Kommando hatte. Er und seine Männer bargen noch sechs Menschen aus dem eisigen Wasser; für alle anderen kam die Hilfe zu spät.

Gegen halb vier Uhr früh hatte das Warten endlich ein Ende. Raketen eines in der Ferne sichtbaren Schiffes wurden gesichtet. Es war die „Carpathia", die die Überlebenden des Unglücks aufnahm. Einer nach dem anderen betrat das Schiffsdeck des amerikanischen Dampfers. Als Ismay über die Leiter hereinstolperte, blickte er den diensthabenden Offizier mit großen Augen an und begann zu murmeln: „Ich bin Ismay! Ich bin Ismay!"[73] Der Offizier nickte. Der Schiffsarzt stellte Ismay seine Kabine zur Verfügung, die sehr geräumig und vor allem beheizt war. Alle anderen Kabinen waren dies nicht. Darüber regten sich die Passagiere sehr auf.

Somit machte sich die „Carpathia", das `Schiff der Witwen´[74], mit 712 Überlebenden an Bord auf nach New York. Für 1.495 Menschen kam die Hilfe zu spät. [75]

Abb. 25: *Einer der wahren Helden jener Nacht: Fünfter Offizier Harold Lowe.*

---

73 Titanic. Robert Liebermann. USA 1996

74 Die „Carpathia" wurde auch das „Schiff der Witwen" genannt, da sehr viele Frauen, die auf dem Schiff waren, ihre Männer verloren hatten.

75 vgl.: Lord, Walter: Die Titanic-Katastrophe – Der dramatische Untergang des Luxusdampfers. S 119ff
vgl.: Titanic. Robert Liebermann. USA 1996
vgl.: Eaton, John P., Haas, Charles A.: Titanic – Legende und Wahrheit. S 28ff

Kapitel 3: Von Intrigen und Nachforschungen

3.1 Das Festland erreicht die schreckliche Nachricht

Wer wirklich als erstes die eindeutig bestätigte Nachricht erhielt, lässt sich heute nicht mehr so genau sagen. Man weiß nur, dass die „New York Times“[76] und „The Montreal Gazette“[77] die ersten Zeitungen waren, die bereits am 15. April (also einige Stunden nach dem Untergang) das Unglück auf ihren Titelseiten hatten. Dies ist verblüffend! Was aber interessant und verwunderlich ist, ist die Nachricht selbst und die blitzartige Änderung der Schlagzeile. Kurz vor Mitternacht kollidierte die „Titanic“ mit dem Eisberg; dies entspricht 22.10 Uhr New-Yorker-Zeit. Bereits um 22.25 Uhr erreichte die neufundländische „Marconi Station“ den Hilferuf der „Titanic“, in dem nur ein Satz stand: *„MGY kollidierte mit Eisberg!“* Durch Zufall kam ein Redakteur von „The Montreal Gazette“, Edward Stranger, in dessen Besitz. Er war der erste Journalist, der diese Meldung in den Händen hielt und nicht ahnte, dass diese Nachricht die Zeitung berühmt machen würde. Noch am 14. April schickte er die Nachricht zu seinem Kollegen der „New York Times“, zu Chefredakteur Carr van Anda. Als van Anda die Nachricht erhielt, war die Zeitung bereits eine Stunde und zwanzig Minuten in Druck und die Auslieferung hatte bereits begonnen. Was nun? Van Anda war in einer verzwickten Lage. Sollte er nun schreiben, dass die „Titanic“ sinkt oder sollte er es so lassen? Kurzer Hand ließ er den Druck und möglicherweise auch die Auslieferung stoppen und änderte seine Schlagzeile:

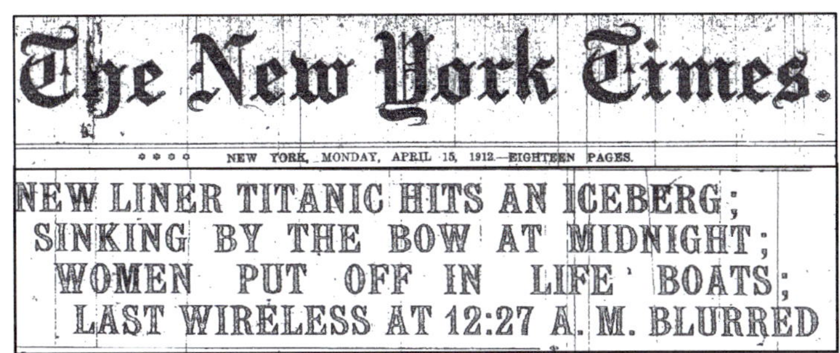
The New York Times.

NEW YORK, MONDAY, APRIL 15, 1912—EIGHTEEN PAGES.

NEW LINER TITANIC HITS AN ICEBERG; SINKING BY THE BOW AT MIDNIGHT; WOMEN PUT OFF IN LIFE BOATS; LAST WIRELESS AT 12:27 A. M. BLURRED

Abb. 26: *Die Schlagzeile der „New York Times“ vom 15. April 1912*[78].

[76] Führende Tageszeitung in New York.

[77] Tageszeitung im kanadischen Montreal.

[78] © by “The New York Times”. Zur Verfügung gestellt von der „Bayerischen Staatsbibliothek“ in München.
„Neue Liner Titanic stößt auf Eisberg; sinkt über Bug um Mitternacht; Frauen in Rettungsboote gesetzt; letzte Meldung um 0.27 Uhr unklar.“

Somit war die „New York Times“ die erste Zeitung, die schon am 15. April schrieb, dass die „Titanic“ sinkt bzw. gesunken sei. Dies war ziemlich gewagt. „The Montreal Gazette“ war da schon viel vorsichtiger:

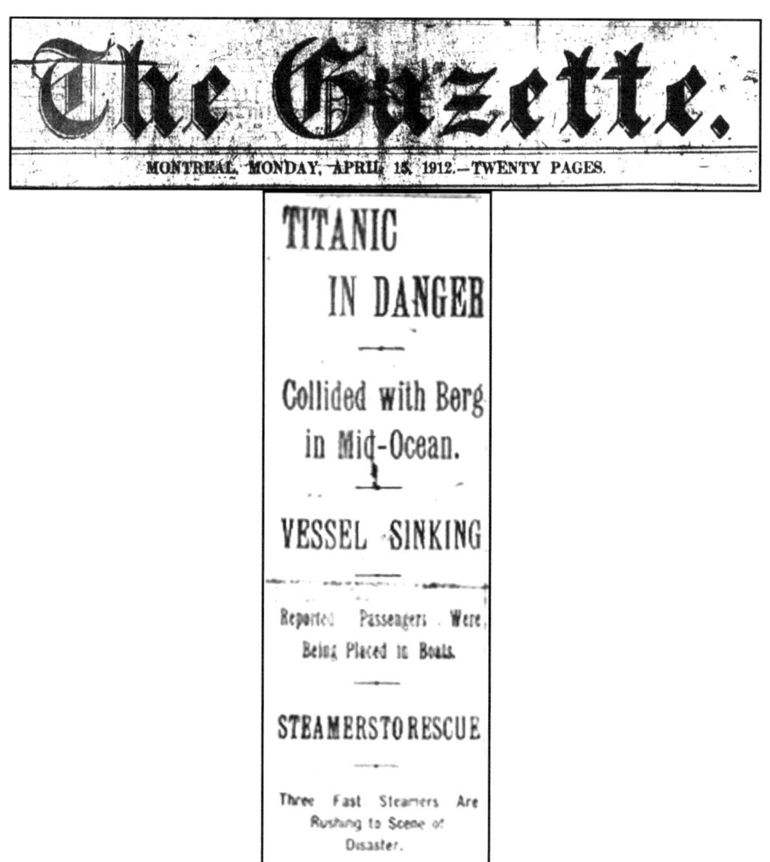

The Gazette.

MONTREAL, MONDAY, APRIL 15, 1912.–TWENTY PAGES.

TITANIC IN DANGER

Collided with Berg in Mid-Ocean.

VESSEL SINKING

Reported Passengers Were Being Placed in Boats.

STEAMERS TO RESCUE

Three Fast Steamers Are Rushing to Scene of Disaster.

Abb. 27: *Die Schlagzeile der „Montreal Gazette“ vom 15. April 1912*[79].

Die „New York Times“ und „The Montreal Gazette“ waren die zwei ersten und einzigen Zeitungen, die das Ereignis groß auf der Titelseite am 15. April 1912 hatten.

Den ausführlicheren Bericht brachten die Zeitungen am nächsten Tag. Was aber interessant ist, in der Ausgabe der „New York Times“ vom 15. April finden wir eine Werbeanzeige der „White Star Line“ und zwar nur wenige Seiten hinter der Schlagzeile:

79 © by „The Montreal Gazette“. Zur Verfügung gestellt von „The Montreal Gazette“, in Montreal. „Titanic in Gefahr – Kollidierte mit einem Eisberg inmitten des Ozeans – Schiff sinkt – es wurde berichtet, dass die Passagiere in die Boote platziert werden – Schiffe auf dem Weg zur Rettung unterwegs – drei schnelle Dampfer eilen zum Ort des Geschehens.“

Abb. 28: *Hier warb die „White Star" für den Start der „Titanic" am 20. April von New York aus, zurück nach Europa. Dem Schiff sollte die „Olympic" am 4. Mai 1912 folgen*[80].

So erfuhr Amerika und Kanada am Morgen danach vom Geschehen.

Am nächsten Tag aber zeigten die Zeitungen was in ihnen steckte. Die „New York Times" schrieb:

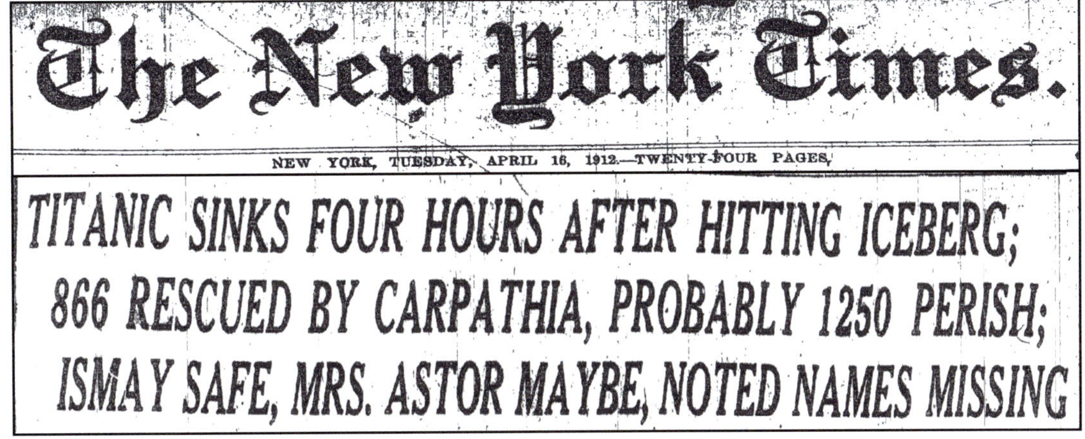

The New York Times.

NEW YORK, TUESDAY, APRIL 16, 1912.—TWENTY-FOUR PAGES.

TITANIC SINKS FOUR HOURS AFTER HITTING ICEBERG;
866 RESCUED BY CARPATHIA, PROBABLY 1250 PERISH;
ISMAY SAFE, MRS. ASTOR MAYBE, NOTED NAMES MISSING

Abb. 29: *Die Schlagzeile der „New York Times" vom 16. April 1912*[81].

---

80 © by „The New York Times". Zur Verfügung gestellt von der „Bayerischen Staatsbibliothek".

81 © by „The New York Times". Zur Verfügung gestellt von der „Bayerischen Staatsbibliothek". „Titanic sinkt vier Stunden nachdem sie mit einem Eisberg kollidierte; 866 Menschen von der Carpathia gerettet; möglicherweise sind 1.250 untergegangen; Ismay gerettet, Mrs. Astor vielleicht; angegebene Namen vermisst.

Am nächsten Tag fand man wieder die Werbeanzeige der „White Star Line“, diesmal jedoch in ganz neuem Glanz:

Abb. 30: *Am nächsten Tag war die Werbeanzeige neu gestaltet:*
Nun startet nur mehr die „Olympic“ am 4. Mai zurück nach Großbritannien[82].

Die „Montreal Gazette“ hingegen hatte folgende Schlagzeile:

The Gazette.
MONTREAL, TUESDAY, APRIL 16, 1912—EIGHTEEN PAGES.
FEAR 1,200 PERISHED
So Far as Known only 866 Escaped in the Wreck of the Titanic.
SHIP SANK IN FOUR HOURS
Went Down Before Rescuing Steamers Arrived.
LIST OF RESCUED
Contains Names of Few Montreal Passengers.
SCENE OF DESOLATION.

Abb. 31: *Die Schlagzeile der „Montreal Gazette“ vom 16. April 1912*[83].

---

82 © by „The New York Times“. Zur Verfügung gestellt von der „Bayerischen Staatsbibliothek“.

83 © by „The Montreal Gazette“. Zur Verfügung gestellt von „The Montreal Gazette“.
„Man befürchtet 1.200 Untergegangene – So weit bekannt ist, sind nur 866 dem Wrack der Titanic entronnen – Das Schiff sank nach vier Stunden – Es ging unter, bevor die Rettungsschiffe ankamen – Liste der Überlebenden – Sie enthält Namen von einigen Montreal-Passagieren – Trostlose Szenen.

Die Titelseiten voll mit Berichten über den Untergang des Schiffes.

Aber was schrieben Zeitungen hierzulande über den Untergang? „Der Tiroler“[84] veröffentlichte erst am darauffolgenden Donnerstag einen kleinen Bericht; die ausführlichere Berichterstattung erfolgte am Samstag, dem 20. April 1912:

„Der Tiroler.“

Die Unglückskatastrophe der „Titanic“.

Der Dampfer „Titanic“ der White-Star-Linie.
Zum Untergang des „Titanic“ mit 1500 Menschen.

Abb. 32: *Die Schlagzeile aus „Der Tiroler“ vom 20. April 1912*[85].

„Der Tiroler“ hatte einen Bericht über die Geschehnisse, der aber eine Zusammenfassung von dem war, was die amerikanische Konkurrenz schon Tage zuvor publizierte. [86]

---

84 Vorgänger der heutigen „Dolomiten“.

85 © by „Dolomiten“. Zur Verfügung gestellt von „Dr. Friedrich Tessmann Bibliothek“ in Bozen.

86 vgl.: Bäbler, Günter: Die vergessene New York Times vom 15. April 1912. Verfasst von Günter Bäbler. Text nicht veröffentlicht.
vgl.: „New York Times“ vom 15. und 16. April 1912.
vgl.: „The Montreal Gazette“ vom 15. und 16. April 1912.
vgl.: „Der Tiroler“ vom 18. und 20. April 1912.

3.2 Nachforschungen auf beiden Seiten des Ozeans

Am 18. April traf die „Carpathia" mit den Überlebenden im Hafen von New York ein. Am selben Tag lief auch ein zweites Schiff von New York aus, die „Mackay-Bennet", dessen Besatzung aus freiwilligen Männern bestand, die die grausige Aufgabe hatte, die Leichen aus dem Meer zu bergen bzw. sie auf See zu bestatten. Selbst hier musste die Besatzung die Toten noch nach Klassen unterteilen: Wenn jemand aus der dritten Klasse schien oder unbekannt war, wurde er auf See bestattet. Schien er aus der zweiten Klasse, wurde er in ein Leinentuch gewickelt, und wenn es ein Passagier der ersten Klasse war, wurde er in einem Holzsarg verstaut. Die Männer der „Mackay-Bennet" fanden auch die Leiche von John Jacob Astor, dessen Erben schon nervös auf das Testament warteten (er war ja bekanntlich der reichste Mann an Bord). Die Erben hatten Glück; der Tote trug wasserdicht eingenäht ein Testament und ein Millionenvermögen bei sich.

Abb. 33: *Die Besatzung der „Mackay-Bennet" kurz vor dem Start in New York.*

Die Angehörigen waren natürlich betrübt über den Verlust der Menschen, die sie liebgewonnen hatten. Jeder suchte am New-Yorker-Hafen nach seinen Freunden und Bekannten.

Aber für zwei Jungs wartete niemand. Sie waren sozusagen Weisenkinder und wurden als die „Titanic-Weisen" bekannt. Die Kinder waren Michel und Roger Navratil, dessen Vater auf der „Titanic" sein Leben verloren hatte. Ihre Mutter suchte sie weltweit, bis sie von ihnen in einer französischen Zeitung las. Daraufhin fuhr sie nach New York, um ihre Kinder wieder nach Hause zu holen.

Abb. 34: *Die „Titanic-Weisen"*

Abb. 35: Margarethe Brown

Molly Brown stand den Redakteuren der Zeitungen Rede und Antwort. Auf die Frage hin, warum sie überlebt hätte, gab sie als Antwort: „Ich bin unsinkbar!“[87] Fortan wurde sie die „Unsinkbare Molly Brown“ genannt.

Ismay wurde natürlich heftigst kritisiert, da er sich rettete, während mehrere Kinder ertranken. Er stand auch immer als Erster auf der Liste der Überlebenden.

Es kam auf beiden Seiten des Atlantiks zu Verhandlungen und Nachforschungen. Wer war für dieses Drama verantwortlich? In Amerika leitete die Untersuchung der Senator von Michigan, William Alden Smith, der die Verhandlungen im „Waldorf-Astoria-Hotel“[88] führte. Dabei wurde Ismay als erstes befragt, der natürlich alle Vorwürfe dementierte. Auch die Tatsache, dass die „Titanic“ zwischen dem dritten und vierten Schornstein auseinanderbrach, bestritt er. Über erste Bergungsversuche wurde diskutiert und Schadensersatzforderungen gestellt.

Mrs. Charlotte Cardoza[89] bekam die höchste Summe. Sie bekam von der „White Star Line“ eine stolze Summe von knapp 180.000 Dollar[90]. Insgesamt musste die Reederei 664.000 US-Dollar Schadensersatz alleine in Amerika bezahlen.

Abb. 36: *Mrs. Cardoza*

Auch wurde der Fall „Californian“ und Lord neu aufgerollt. Er behauptete in den Befragungen, dass sich in jener Nacht zwischen den beiden Schiffen ein mysteriöses drittes Schiff befand, das sich allerdings, als es bemerkt wurde, schnell wieder aus dem Staub gemacht habe. Dass Lord wirklich Recht hatte, wurde allerdings erst zum 50. Jahrestag des Unglücks bewiesen. Ein amerikanischer Rechtsanwalt nahm sich Lords' Fall an und spürte ein ehemaliges Besatzungsmitglied des Schiffes auf. Es handelte sich um einen norwegischen Walfänger, der sich auf illegalem Robbenfang befand. Zudem wurden neue Berechnungen angestellt, die besagten, dass, selbst wenn Lord sofort reagiert hätte und mit Vollkraft zur „Titanic“ gefahren wäre, hätte er

87 Titanic – Das letzte Geheimnis. 1998

88 *Waldorf-Astoria-Hotel:* ein bekanntes New Yorker Hotel, befand sich im Besitz von John Jacob Astor.

89 *Mrs. Cardoza:* die Frau, die mit vierzehn Koffern reiste.

90 Die genaue Schadensersatzforderung betrug: 177.352,75 US-Dollar. Vgl.: Eaton, John P., Haas, Charles A.: Titanic – Legende und Wahrheit. S 121

sie trotz allem nicht vor dem Morgengrauen erreichen können. Dennoch wurde ihm unterlassene Hilfeleistung vorgeworfen.

Abb. 37/38: *Der Kapitän und sein Schiff. Kapitän Lord (oben links) war mit seiner „Californian“ (unten rechts) in jener Nacht nicht weit von der „Titanic“ entfernt.*

In Großbritannien hingegen hatte man mehrere Opfer zu beklagen. Den Vorsitz der Nachforschungen führte Lord Mersey[91], der darauf aufmerksam machte, dass Southampton die Stadt sei, in der am meisten Opfer zu beklagen wären. Man stellte folgende Statistik vor: „In Southampton gab es insgesamt 594 Opfer, in jeder Straße eines: 232 Frauen wurden in einer Nacht zu Witwen, 1.239 Kinder zu Weisen“[92]. Für die Opfer in Großbritannien musste die „White Star“ insgesamt 3,5 Millionen Dollar hinblättern.

Jack Thayer, ein damalig 15-Jähriger, machte bei einer Sitzung einmal eine Bemerkung, welche die Beteiligten zum Nachdenken aufforderte: „Es herrschte Frieden und die Welt war mit sich im Einklang. Mir scheint, als wäre die bevorstehende Katastro-

[91] Mit bürgerlichem Namen hieß er John Charles Bigham.
[92] Titanic – Der Mythos lebt weiter. USA 1995

phe das Ereignis gewesen, durch das die Welt nicht nur langsam zu sich kam, sondern das sie mit einem Schlag wach rüttelte. Meiner Meinung nach war der 15. April 1912 die Geburtsstunde der modernen Welt!“ [93]

Aber das Unglück brachte auch positive Seiten an den Tag: Die Gesetze bezüglich der Rettungsbootanzahl wurden am Montag früh offiziell und in wenigen Minuten geändert, eine internationale Eispatrouille wurde ins Leben gerufen, die alle sieben Weltmeere durchquert und Eisberge sprengt, sodass sie keine Gefahr mehr für die Schiffe darstellen; und diese gibt es heute noch.

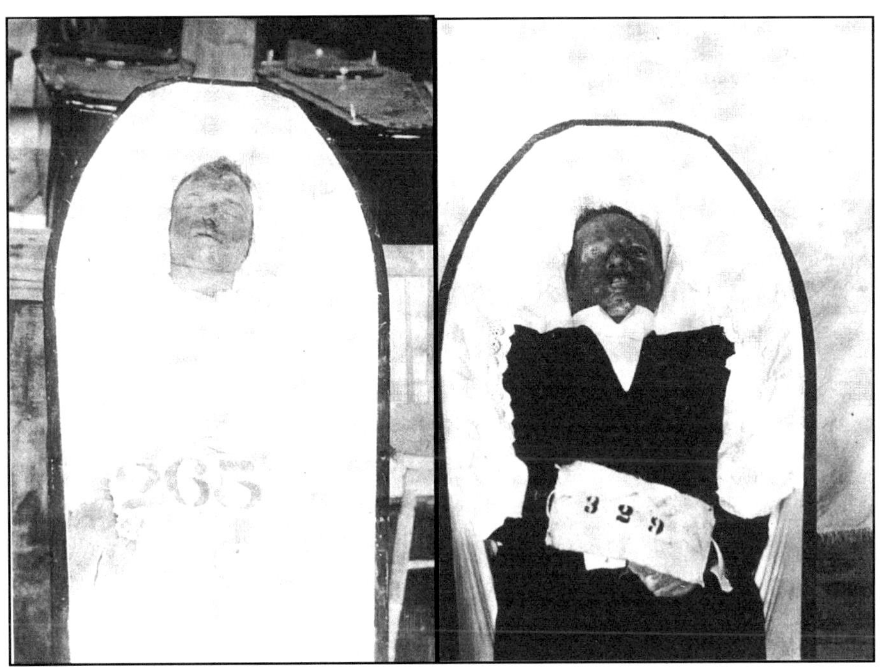

Abb. 39/40: *Welches Bild sich den Männern der „Mackay-Bennet“ wiederholt bot, zeigen diese Fotografien, die zwei Leichen zeigen:*
links möglicherweise ein Steward, rechts ein Küchengehilfe.

[93] Titanic – Der Mythos lebt weiter. USA 1995

Kapitel 4: Die „Titanic“ heute

4.1 Der Wrack-Fund 1985

Wie bereits erwähnt begannen unmittelbar nach der Katastrophe erste Nachforschungen auf beiden Seiten des Atlantiks. Einige Dinge konnte jedoch erst viel später herausgefunden werden: z.B. der Fall Lord und „Californian“ oder der falsche Befehl von Murdoch. Die wenigsten wissen aber, dass man sich bereits 1912 ernsthafte Gedanken darüber machte, wie man das Wrack finden und bergen könnte. Bereits 1912 machte sich ein Trupp junger, abenteuersuchender Amerikaner auf den Weg, um das Wrack zu suchen. Allerdings scheiterte diese erste Mission. Zu einem zweiten Versuch kam es zu dieser Zeit nicht, da bereits zwei Jahre später der Erste Weltkrieg ausbrach. In den 20er-Jahren hatte Amerika mit größeren wirtschaftlichen Problemen zu kämpfen, z.B. die Weltwirtschaftskrise und der „Schwarze Dienstag“[94]. Von 1930-1960 geriet das Schiff in Vergessenheit. Anfang der 60er-Jahre jedoch wurde die „Titanic“ wieder Gesprächsthema. Es kristallisierte sich das Gerücht heraus (was man eigentlich schon 1912 vermutete), dass es sich bei dem untergegangenen Schiff nicht um die „Titanic“ selbst, sondern um das Schwesterschiff die „Olympic“ handelte. Der „White Star Line“ wurde ein Versicherungsbetrug vorgeworfen, den man aber nicht beweisen konnte, denn dazu brauchte es das Schiff. Nach dem Zusammenstoß der „Olympic“ mit dem Marineschiff „Hawke“ schien die Reparatur aussichtslos. Demnach soll man diesen heimtückischen Betrug geplant haben. Da sich beide Schiffe sehr ähnlich sahen, konnte man sie anhand der Fotos nicht unterscheiden (siehe Abb. 41 folgende Seite).

In den 70er- und in den frühen 80er-Jahren begann dann ein regelrechter Wettkampf, um die Bergung des Schiffes. Dutzende reiche Amerikaner probierten ihr Glück. 1985 startete eine französisch-amerikanische Forschungstruppe unter der Leitung des Amerikaners Dr. Robert Ballard mit einem speziellen Unterwasserroboter. Ballard suchte nicht, wie seine Vorgänger, nach dem Schiff selbst bzw. nach dem was davon noch übrig blieb, sondern er suchte nach Teilen des Schiffes, d.h. nach Türen, Geschirr, Waschbecken, Kessel und ähnlichem, denn Ballard war davon

[94] 29. Oktober 1929

überzeugt, dass das Schiff auseinanderbrach[95] und die Teile in einem großen Umkreis verstreut sein müssten. Und tatsächlich: Am 1. September 1985 gegen 2.00 Uhr früh wurde einer der 29 Kessel, begraben in Schlick und Meeressand, gesichtet. Das war ein großer Triumph für Dr. Ballard und sein Team. Je weiter sie kamen, desto mehr Teile fanden sie, die zum Schiff gehörten. Etwas später stießen sie dann auf das eigentliche Relikt, den Bug des Schiffes, der noch relativ gut erhalten war. Etwa 800 Meter davon entfernt das vollkommen zerstörte Heck. Das Heck war deshalb zerstört worden, da es dem Druck des Wassers nicht standhalten konnte. Im Bug hingegen stiegen die Wassermassen schon mit dem Verlauf der Katastrophe. Als es zum Untergang kam, war das Heck noch mit Luft, der Bug schon mit Wasser gefüllt. Ballard wollte aber auch dem anscheinenden Versicherungsbetrug auf den Grund gehen. Dazu musste er einfach die Auftragsnummer lesen, die in die Antriebsschrauben hineingeprägt war. Dort fand er die Nummer 401 – die Auftragsnummer der „Titanic“. Das hieß also, das Gerücht mit dem Versicherungsbetrug war aus der Welt und es wurde 1985 endgültig bewiesen, dass das 1912 untergegangene Schiff wirklich die „Titanic“ war.

Abb. 41: *Die beiden Schwesterschiffe: links die „Olympic“ und rechts die „Titanic“. Nur sehr schwer auseinander zu halten.*

Es war ein großes Ereignis für die Geschichte und für Ballard selbst, dessen Ziel es nun war hinunterzutauchen und das Wrack selbst zu begutachten. Ein Jahr später erfüllte er sich diesen Wunsch mit einem neuartigen Tauchboot und tauchte 3.800 Meter in die Tiefe, um das Wrack zu besichtigen.

Abb. 42: *Das Wrack der „Titanic“ in 3.800 Metern Tiefe.*

95 Bis 1985 stritt man sich noch über die Tatsache des Auseinanderbrechens. 1985 bewies es Ballard und sein Forscherteam letztendlich.

Über erste Bergungsversuche wurde diskutiert. Es gab aber heftige Proteste dagegen, hauptsächlich vonseiten der Überlebenden. Dieses Wrack ist der Sarg von 1.495 Menschen, die unschuldig den Tod fanden und einen Sarg darf man nicht heben. Deshalb wurden aus dem Wrack nur Einzelteile geborgen, die heute auf „Titanic"-Ausstellungen weltweit zu bestaunen sind.

Selbst Privatpersonen können heute hinuntertauchen, um das Wrack zu sehen und in den Bann des Luxusdampfers einzutauchen. Jedoch braucht man dafür das nötige Kleingeld: Eine Fahrt zum Wrack und wieder zurück kostet etwa 35.000,00 €. [96]

Abb. 43: *Der Entdecker des berühmtesten Schiffwracks des 20. Jahrhunderts – Dr. Robert Ballard.*

[96] vgl.: Titanic – Der Mythos lebt weiter. USA 1995
vgl.: Titanic – Das letzte Geheimnis. 1998
vgl.: Geheimnis Titanic. *LIMIT*. Ausgabe eins vom Januar 1998. S 64-65

4.2 Zweiundneunzig Jahre Geschichte – *1912-2004*

Das berühmteste und tragischste Schiffsunglück des 20. Jahrhunderts: „Titanic" – eine Story, die jeder kennt und doch eine geheimnisvolle Geschichte bleiben wird. Es gibt Spekulationen, Mythen und Quellen, die uns versuchen, die tragische Nacht zu beschreiben. Nicht zuletzt spielen dabei die Überlebenden eine große Rolle, die uns das Ereignis mit ihren schrecklichen Erinnerungen näher bringen. Namen, wie Ruth Becker, Eva Hart, Marjorie Newell Robb oder Michel Navratil[97] sind nur einige Beispiele von berühmten Überlebenden, die uns, unter dem Kampf mit den Tränen und ihren schrecklichen Erinnerungen, die Geschichte aus ihrem Gesichtspunkt schildern. Leider sind die oben genannten Personen alle schon verstorben. Die einzige heute noch bekannte Überlebende ist die Britin Millvina Dean, die sich allerdings an das Unglück selbst nicht viel erinnern kann, da sie 1912 gerade mal knapp ein Jahr alt war. Aber dennoch kann sie ihre Gefühle zum Unglück schildern, da sie ihren Vater nie gekannt hatte. Auch sie ist mittlerweile verstorben. Sie starb 2006 in Großbritannien.

Ihre Familie wollte nach Amerika auswandern, wo Millvinas Vater sein Glück im Hotelgewerbe machen wollte. Sie gehörten zu den Passagieren der 3. Klasse und hatten wahrscheinlich deshalb überlebt, weil sie drei Kinder waren. Millvinas Mutter und ihre Kinder wurden in ein Rettungsboot gebracht.

Millvina erinnert sich heute noch daran, wie ihr ihre Mutter vom Unglück berichtete. Was der Überlebenden sehr zu schaffen machte, ist die Tatsache, dass sie ihren Vater nicht kannte.

Abb. 44: *Millvina Dean*

Heutzutage spricht sie über das Unglück und ist gerne bereit Interviews zu geben, aber sie hätte sich niemals gedacht, dass es soweit kommen würde. Obwohl sie den Fund des Wracks für einen großen Fortschritt der Technik hält, wäre es ihr doch lieber gewesen, es wäre nie aufgetaucht, da sie sich immer noch an ihren Vater erinnert, dessen Spuren wahrscheinlich noch da unten sind.

97 Jede oben genannte Person gehört zu den „Titanic"-Überlebenden, die in vielen Interviews ihre persönlichen Erfahrungen preisgaben.

Bernard Hill, der den Kapitän im „Titanic"-Film von James Cameron spielte, der sich seit diesem Film noch nie mit der „Titanic" beschäftigt hatte, sagte in einem Interview über das Schiff: „ [...]Es gab kein anderes Schiff, wie die `Titanic´ - berühmt zu Lebzeiten und legendär im Tode.[...]"[98]

Abb. 45: *Bernard Hill (rechts) im Film „Titanic"; neben ihm 1. Offizier Murdoch (Ewan Stewart).*

[98] Titanic – Das letzte Geheimnis. 1998

Interview mit Millvina Dean** (D) **in Southampton am 3. Dezember 2003, geführt von Günter Bäbler** (B) **im Auftrag von Manuel Grandegger:

B: Wie war die Reaktion Ihrer Familie auf das Unglück?

D: Meine Familie war sehr traurig und wütend über das Geschehen und das Herz meiner Mutter war gebrochen.

B: Fällt es Ihnen schwer, heutzutage über die „Titanic" zu sprechen. Was empfinden Sie dabei?

D: Ich empfinde nichts dabei, ich kannte ja nicht mal meinen Vater.

B: Was geht Ihnen heute durch den Kopf, wenn Sie Filme bzw. Bilder über das Schiff und den Untergang sehen? Erwecken diese alte Erinnerungen?

D: Dies sind nur Bilder, ich selber habe ja keine persönlichen Erinnerungen, es werden keine Reaktionen wachgerufen.

B: Haben Sie selber Bilder von der „Titanic" oder gar Filme, die Sie sich immer wieder anschauen und überlegen, warum dies passiert ist?

D: Ich habe sehr viele Bilder in Büchern und auch als Drucke geschenkt erhalten. Aber wenn ich sie sehe, überlege ich mir nichts dabei, es ist passiert, das kann man nicht mehr ändern.

B: Glauben Sie persönlich, man kann von Schuldzuweisung sprechen?

D: Der Kapitän trägt die Schuld; er wurde gewarnt und unternahm nichts. Auch Ismay kann beschuldigt werden; auch er wusste, was kommen würde.

B: Wie hat dieses Erlebnis Sie als Mensch geprägt?

D: Wenn die „Titanic" nicht gesunken wäre, so wäre ich in Kansas/USA aufgewachsen, alles wäre anders gekommen.

B: Was war Ihr erster Gedanke, als man über die Presse erfuhr, dass das Wrack gefunden wurde? Hatte man damit rechnen können oder wäre Ihnen lieber gewesen, dass man es als Zeichen der Solidarität mit den Untergegangenen nie hätte finden dürfen?

D: Ich muss gestehen, dass ich es nicht erwartet habe, es war unglaublich nach all den Jahren. Ich fragte mich natürlich, ob Spuren von meinem Vater gefunden würden. Mir wäre es lieber gewesen, wenn man das Wrack nie gefunden hätte, aber inzwischen sind die Fundgegenstände und Bilder ein wichtiger Teil der Geschichte.

B: Hätten Sie jemals geglaubt, dass über dem Schiff so ein Medienrummel veranstaltet wird? Wie kamen/kommen Sie als Überlebende dieses legendären Schiffes damit klar im Rampenlicht zu stehen?

D: Als sie die „Titanic" gefunden hatten, veränderte sich mein Leben komplett. Alle wollten Fotos und Interviews. Dies war neu, aber jetzt bin ich es gewohnt.

B: Entspricht der Film „Titanic" Ihrer Meinung nach dem tatsächlichen Geschehen oder kann man ihn eher als typischen Hollywood-Film abstempeln?

D: Da ich den Film nicht gesehen habe, kann ich das nicht sagen. Aber Leute, die ihn gesehen haben, sagten mir, dass der Film zu sehr Hollywood war.

Nachwort:

Warum macht man sich eigentlich daran, ein Buch über den Untergang der „Titanic“ zu schreiben, wenn ja die meisten Leute die Geschichte schon kennen? Nun, viele Menschen kennen nur die Geschichte der Eisbergkollision. Und eben die Menschen, die nur die grobe Geschichte des Unglücks kennen, merken schnell, dass sich hinter diesem Ereignis sehr viel mehr verbirgt. Und dies war mein hauptsächlicher Beweggrund, den Leserinnen und Lesern einen Einblick in die Gesamtgeschichte rund um die „Titanic“ und die Katastrophe zu geben.

Das Wissen über das Thema bzw. über die „Titanic“ hatte ich mir bereits in den Jahren zuvor angeeignet und Recherchen durchgeführt. Dennoch brauchte ich die ein und andere Unterstützung.

Mein Dank gilt Günter Bäbler, dem Autor des Buches „Reise auf der Titanic“ und vermutlich dem weltweit besten „Titanic“-Experten. Er gab mir zusätzlich einige Tipps und Texte und ermöglichte mir das Interview mit Millvina Dean. Er selbst sagte mir, dass er es immer wieder überraschend finde, wenn sich junge Leute für das Thema „Titanic“ interessieren. Er war gerne bereit zu helfen.

Eine Stütze waren die Redaktionen der verschiedenen Zeitungen („New York Times“, „The Montreal Gazette“, „Dolomiten“ bzw. „Der Tiroler“), sowie die zwei Bibliotheken („Bayerische Staatsbibliothek“ in München und „Dr. Friedrich Tessmann Bibliothek“ in Bozen), die mir die entsprechenden Zeitungsausschnitte mit freundlicher Genehmigung zur Verfügung gestellt haben.

Ebenfalls möchte ich mich bei Mr. David McVeigh von der Schiffswerft „Harland & Wolff“ in Belfast bedanken, der mir einen Plan des Schiffes zur Verfügung stellte.

Ein ganz besonderer Dank gilt meiner Lektorin, Frau Dr. Petra Trumbach, sowie der Diplomica Verlag GmbH, die mich bei der Gestaltung und Ausarbeitung dieses Buches bestens unterstützten.

Manuel Grandegger

QUELLENVERZEICHNIS

Bücher:

- *Bäbler, Günter:* Reise auf der Titanic. Zweite Auflage. Zürich. Chronos Verlag. 1998
- *Eaton, John P., Haas, Charles A.:* Titanic – Legende und Wahrheit. Erste überarbeitete und erweiterte Auflage. Wintermühlendorf. HEEL Verlag GmbH. 1997
- *Lord, Walter:* Die Titanic-Katastrophe – Der dramatische Untergang des Luxusdampfers. 9. überarbeitete Auflage der 20. Auflage. München. Wilhelm Heyne Verlag. 1998
- *McCluskie, Tom:* Die Titanic im Detail. 1. Auflage. Augsburg. Bechtermünz Verlag. 1998
- *Robertson, Morgan:* Titan – Eine Liebesgeschichte auf hoher See. 3. Auflage. München. Wilhelm Heyne Verlag. 1997

Zeitschriften/Zeitungen:

- „New York Times“ vom 15. und 16. April 1912
- „The Montreal Gazette“ vom 15. und 16. April 1912
- „Der Tiroler“ vom 18. und 20. April 1912
- Geheimnis Titanic. *LIMIT.* Ausgabe eins vom Januar 1997
- Burti, J.: Titanic – Iceberg right ahead!. *Jugendmagazin JÖ.* Ausgabe drei vom November 1997

Internetseiten:

- www.cicerone.de 21.12.2003
- www.lux-aeterna.co.nz/Titan 17.01.2004

Filmmaterial/Reportagen:

- *„S.O.S. Titanic“.* Billy Hale. GB 1979. Quelle: Argonaut/Roger Gimpel Prod./ABC/EMI®
- *„Titanic – Der Mythos lebt weiter“.* USA 1995. Quelle: VCL®
- *„Titanic“.* Robert Liebermann. USA 1996. Quelle: Hallmark Home Entertainment®
- *„Titanic“.* James Cameron. USA 1997. Quelle: Twentieth Century Fox®
- *„Die Titanic war ihr Schicksal“.* Sendedatum: 14.08.1998. Quelle: RTL Television®
- *„Titanic – Das letzte Geheimnis“.* Sendedatum: 26.12.1998. Quelle: SAT.1®

Unveröffentlichter Text:

- Bäbler, Günter: „Die vergessene New York Times vom 15. April 1912“.

BILDERVERZEICHNIS

Für die Bilder, die nicht aus der persönlichen Sammlung stammen, liegt das jeweilige Copyright bei den Verlägen bzw. beim Autor.

Bei den Zeitungsausschnitten liegt das Copyright ausschließlich bei den jeweiligen Zeitungen.

Autorenprofil

Manuel Grandegger, Diplomarbeit zum staatlich anerkannten Hotelkaufmann, mit Schwerpunkt auf Schifffahrt und Seereisen, Abschluss 2004; bereits acht Jahre vor dem Abschluss, Beginn der Recherche und Suche nach der wahren Geschichte des Schiffes. Später Studium der Geschichtswissenschaften, Schwerpunkt Schifffahrtsgeschichte; Abbruch des Studiums und Aufnahme des Studiums der Erziehungswissenschaften, gefolgt von verschiedenen Lehraufträgen; derzeit tätig im pädagogischen Bereich als Heimerzieher.